Charlotte Cordes

Sie lachen das schon!

@ Frank Busch

Dr. Charlotte Cordes hat Kommunikationswissenschaft, Markt- und Werbepsychologie und Amerikanistik in München studiert und führt seit Jahren Seminare zum Provokativen Ansatz, Improseminare sowie Einzel- und Paarcoachings für die unterschiedlichsten Zielgruppen durch. Sie ist Teil der Institutsleitung des Deutschen Instituts für Provokative Therapie (www.provokativ.com) und betreibt eine private Coachingpraxis in München. Seit 1998 spielt sie Improvisationstheater (www.improgoesloose.de) und singt seit 2011 in dem Münchner Vokalensemble ‚Die Dachschrägen'. Charlotte Cordes ist verheiratet, hat zwei Söhne und lebt in München.

Charlotte Cordes

Sie lachen das schon!

Einführung in die Provokative SystemArbeit
mit kommentierten Fallbeispielen

Illustrationen von Emil Tracht

Knoll und Patze Verlag

www.provokativ.com
www.knollundpatze.de

Bibliografische Information der Deutschen Nationalbibliothek
Die Deutsche Bibliothek verzeichnet diese Publikation in der Deutschen Nationalbibliografie; detaillierte bibliografische Informationen sind im Internet über *http://dnb.ddb.de* abrufbar.
Bibliographic information published by Die Deutsche Nationalbibliothek
Die Deutsche Bibliothek lists this publication in the Deutsche Nationalbibliografie; detailed bibliographic data are available in the Internet at *http://dnb.ddb.de*.

2. Auflage 2018

Redaktion: Inge Bell, Stefan Baumgarth
Umschlaggestaltung: Lisa Höfner
Satz: Axel Wünsche
Illustrationen: Emil Tracht

Bestellung und Vertrieb: Nova MD GmbH, Vachendorf
Druckerei: Sowa Sp. z o.o. | ul. Hrubieszowska 6a | WARSZAWA, 01-209, Polen
ISBN 978-3-96443-457-9

INHALTSVERZEICHNIS

VORBEMERKUNG

Nachdem ich in den letzten Jahren regelmäßig von mehreren Seiten dazu aufgefordert wurde, in Ergänzung zu den Büchern meiner Mutter Noni (Dr. E. Noni Höfner) ein Buch über den Provokativen Ansatz zu schreiben, ist es jetzt endlich soweit.

Im ersten Teil des Buches werden die Ursprünge der provokativen Vorgehensweise beschrieben und anhand von 10 Punkten und kommentierten Auszügen aus Einzelsitzungen mit Klienten die Philosophie des Provokativen Ansatzes erläutert und veranschaulicht.

Im zweiten Teil des Buches befinden sich elf ausführliche Sitzungen (neun von mir, eine von meiner Mutter und eine vom Erfinder der Provokativen Therapie Frank Farrelly). Sie sind an einigen Stellen mit Kommentaren versehen, damit Sie als Leser einen Hinweis darauf bekommen, welcher der 10 Punkte aus dem ersten Teil des Buches gerade besonders im Vordergrund steht.

Sie werden merken, dass die drei Provokateure nicht identisch vorgehen. Es gibt bei dieser Art zu arbeiten kein Patentrezept für richtig oder falsch. Essentiell ist die Haltung, die dahinter steckt. Mein Ziel ist es, in diesem Buch diese Haltung deutlich zu machen und Ihnen einen ersten Schubs in Richtung provokatives Arbeiten zu geben (wenn Sie das möchten…).

Ich bin sehr froh, dass meine Mutter Frank Farrelly entdeckte, als ich etwa 10 Jahre alt war, und er infolgedessen jedes Jahr mehrere Wochen bei uns wohnte. So lernte ich ihn sowohl privat als auch beruflich sehr gut kennen. Ich habe die Provokative Therapie sozusagen fast mit der Muttermilch aufgesogen. Beruflich schlug ich erst einmal einen anderen Weg ein. Doch der Provokative Ansatz holte mich über Umwege wieder zu sich zurück. Seit dem Jahr 2000 arbeite ich mit Leidenschaft und immer intensiver in unserem Institut als Berater[1], Trainer und Coach und werde das hoffentlich noch tun,

[1] Auch wenn ich in diesem Buch immer wieder nur die männliche Form für Berater, Klient o.ä. verwende, meine ich natürlich immer beide Geschlechter.

bis ich ins Grab fahre. Da ich beschlossen habe, sehr alt zu werden, dauert das hoffentlich noch sehr lange.

An dieser Stelle möchte ich mich ganz herzlich bei den Klienten und Klientinnen bedanken, die mir ihre Fälle anonymisiert für dieses Buch zur Verfügung gestellt haben. Ein provokativer Kommentar eines Klienten zu meiner Frage, ob ich einen Teil seiner Sitzung für das Buch verwenden dürfe: „Klar, nehmen Sie mich in das Buch. Dann werde ich wenigstens anonym berühmt."

DIE URSPRÜNGE DER PROVOKATIVEN SYSTEMARBEIT (PROSA)

Die Provokative Systemarbeit (ProSA)®, der Provokative Stil (ProSt)® und das Provokative Coaching (ProCo)® sind Kommunikationsformen, die wir aus der Provokativen Therapie (PT) von Frank Farrelly entwickelt haben. Diese drei Begriffe decken unterschiedliche Anwendungsfelder ab und betonen auch den systemischen Anteil der provokativen Vorgehensweise. Die Provokative Therapie war von Anfang an systemisch, lange bevor es diesen Begriff in der Therapie überhaupt gab.

Wir haben uns die drei Begriffe schützen lassen, um zu verhindern, dass selbsternannte Provokateure, die im schlimmsten Fall Klienten bösartig in die Pfanne hauen, unter dem Mantel des Provokativen segeln und behaupten, sie hätten das bei uns gelernt. Die Provokative Vorgehensweise, wie wir sie praktizieren, hat nichts mit ‚in die Pfanne hauen' zu tun. Im Gegenteil. Sie setzt eine sehr wohlwollende, empathische Grundhaltung voraus. Auf dieser empathischen Basis provozieren wir den Klienten an den Stellen, an denen er feststeckt. Wenn Sie als Berater an der richtigen Stelle in den Busch schießen, springt ein Hase heraus. Wenn der Hase springt, hat das zur Folge, dass der Klient einen raschen emotionalen Widerstand gegen seine Selbstschädigung entwickelt und sich über seine Stolpersteine amüsieren kann. Das bewirkt Entspannung und langanhaltende Verhaltensänderungen. Wenn nicht gleich einer herausspringt, dann probieren Sie, einen neuen Hasen zu finden. Sie werden überrascht sein, wie schnell es um Sie herum hüpft, wenn Sie genau hingucken.

Frank Farrelly und die Provokative Therapie

Ich bin seit über 30 Jahren in provokativer Dauertherapie. Frank Farrelly war in meiner Kindheit und Jugend nicht aus unserem

Wohnzimmer wegzudenken und hat mein Leben nachhaltig geprägt. Meine Mutter entdeckte den US-Amerikaner in den 80er-Jahren bei einem seiner ersten Workshops in Europa und heftete sich an seine Fersen. Sie begann, Seminare mit ihm in Deutschland zu organisieren und war so begeistert von seiner Arbeit, dass sie den provokativen Ansatz sofort in ihren Beratungsstunden einsetzte. Schon bald gründete sie mit einem Kollegen das Deutsche Institut für Provokative Therapie, das sie bis heute leitet. Seit vielen Jahren mit mir zusammen. Wir fingen alle Feuer und begeisterten uns für Frank und seine Art zu arbeiten. Wir konnten uns der provokativen Kommunikation nicht entziehen, und sie ist bis heute fester Bestandteil unseres beruflichen und privaten Lebens. Wir stellten fest, dass man jeden liebevoll provozieren kann, wenn man ‚den richtigen Knopf drückt', selbst wenn sich der Betreffende mit dem Provokativen Ansatz gut auskennt. Auch Frank Farrelly war nicht immun dagegen. Es gab Situationen, in denen wir ihn provozierten und er laut lachend sagte: »Jetzt habt ihr mich schon wieder erwischt.«

Frank Farrelly stammte aus einer katholisch-irischen Familie und war das neunte von zwölf Kindern. Eigentlich wollte er Priester werden, flog aber aus dem Priesterseminar hinaus, wegen mangelndem Gehorsam. Er passte einfach nicht dort hin und wurde stattdessen Psychologe, wo er auch gegen überkommene Therapievorstellungen den Gehorsam verweigerte. 'Gott sei Dank!' kann ich nur sagen.

In den 60er- und 70er-Jahren arbeitete er fast zwei Jahrzehnte in einer psychiatrischen Klinik in den USA. Dort entwickelte er eher zufällig die Provokative Therapie. In der 91. Stunde mit einem depressiven, Klienten, der nicht müde wurde, sich selbst für hoffnungslos zu halten, platzte ihm der Kragen. Frank Farrelly hatte versucht, ihn 90 Stunden lang ohne sichtbaren Erfolg streng gesprächstherapeutisch positiv zu unterstützen, und sagte nun sinngemäß in etwa Folgendes zu ihm: »Ich stimme Ihnen zu. Sie werden sich nie ändern. Keine Chance. Sie sind dazu einfach nicht in der Lage. Sie sind ein hoffnungsloser Fall.« Zum ersten Mal zeigte dieser Klient erkennbare Reaktionen. Er wehrte sich ungewohnt heftig gegen diese Zuweisungen und änderte etwas in seinem festgefahrenen Denken und Verhalten. Frank war verblüfft. Er fing an, mit dieser Methode zu experimentieren und setzte sie in den kommenden Jahrzehnten unzählige Male sehr erfolgreich ein. Die Provokative Therapie war geboren. Irgendwann hieß es bei sehr hartnäckigen Fällen immer: »Holt Frank. Dem fällt bestimmt was ein.«

Ein Fall, den er mir aus seiner Zeit in der Psychiatrie erzählt hat, ist mir besonders im Gedächtnis geblieben. Ein Mann wurde in der Nähe von Franks Arbeitsplatz aufgegriffen. Er war sehr aggressiv und sprach nur Kauderwelsch, sodass niemand so recht wusste, was sie mit ihm anstellen sollten. Man holte Frank und hoffte darauf, dass ihm etwas einfallen würde. Er kam mit zwei muskelbepackten »Bodyguards«, die den um sich schlagenden Mann festhielten. Frank stellte sich in einem sicheren Abstand daneben und beobachtete die Situation. Dann begann er einen Kauderwelsch-Dialog mit dem Patienten, wendete sich daraufhin an einen ebenfalls anwesenden Polizisten – und zwar so laut, dass der Patient es auch hören konnte –, und sagte: »Er behauptet, er heiße John und käme vom Planeten Beta XY. Das ist der Planet, auf dem alle Menschen Sex mit Ziegen haben!« Das saß. Der Kauderwelsch sprechende Mann wechselte sofort ins Englische und schrie Frank zu: »Fuck you!« Ab diesem Moment konnte er nicht mehr so tun, als verstünde er nichts. Nach einer Weile, in der Frank sich relativ normal mit dem Mann unterhalten hatte, konnten ihn die beiden Bodyguards loslassen, und der Klient ließ sich friedlich in die Psychiatrie bringen.

Ich hatte das Glück, Frank jahrelang über die Schulter schauen zu dürfen. Das hat mir in meiner (beruflichen) Entwicklung unglaublich viel gebracht. Und tut es noch heute.

Das Deutsche Institut für Provokative Therapie (DIP)

Als meine Mutter Frank Farrelly und seine Art zu arbeiten in Europa kennenlernte, begriff sie sehr schnell, dass die Provokative Therapie weit mehr ist als »nur« eine therapeutische Technik. Sie fußt auf einem Menschenbild, das die Selbstverantwortung des Klienten fördert und ihm wieder die Kontrolle über das eigene Leben zurück gibt. Der Klient gibt seine Opferhaltung auf und wird wieder zum „Täter“. Der Provokative Ansatz ist daher keine Technik oder Masche, sondern eher eine Grundhaltung oder Lebensphilosophie, die sich in Therapie, Beratung und Coaching sowie im Alltag umsetzen lässt.

Das LKW

Als Noni Höfner der Provokativen Therapie zum ersten Mal begegnete, fühlte sie sich wie von einem großen LKW überrollt. Wie Frank Farrelly arbeitete, irritierte sie. Er tat in ihren Augen Dinge, die – so hatte sie es bisher gelernt – in jeglicher Art von Beratung, Therapie oder Coachingsitzung strengstens verboten waren. Nicht nur fasste er Klienten an, er spielte ihnen auch Szenen sehr drastisch vor, verwendete politisch inkorrekte Formulierungen, wurde plakativ und pauschal, redete sehr offen über Sex, fluchte, popelte in der Nase oder gähnte, wenn ihm langweilig wurde. Und das Erstaunlichste: Die Klienten waren voll dabei, fühlten sich verstanden und änderten manchmal schon während der ersten Sitzung bestimmte Verhaltensweisen. Es war unfassbar. Je länger ich mich mit dieser Methode auseinandersetzte, desto mehr begriff auch ich, was da passierte. Und ich begreife noch immer. Ständig.

Der LKW, der damals über Noni hinwegdonnerte, steht für das **liebevolle (L) Karikieren (K) des Weltbildes (W)** des Klienten. An den Stellen, an denen der Klient emotional feststeckt und keinen Ausweg sieht, karikiert der Berater auf wertschätzende und humorvolle Weise die selbstschädigenden Glaubenssätze des Klienten, sodass er darüber lachen kann und somit zur Relativierung seiner Denk-, Fühl- und Verhaltensweisen angeregt wird.

Je karikierter und pauschaler Sie dabei als provokativer Berater werden, desto mehr fängt der Klient an, zu differenzieren. Wenn Sie z.B. zu einem 30-jährigen Klienten sagen: ‚Sie können das niemals! Sie sind dafür viel zu alt!’ ist die Chance groß, dass der Klient sagt: ‚Doch. Kann ich wohl! Ich bin doch noch jung!!‘ Wenn Sie als

Berater das Gegenteil tun und differenziert argumentieren, z.B. ‚Überlegen Sie sich doch mal, ob Sie das vielleicht nicht doch noch lernen könnten. Sie können doch sonst so viel und sind doch noch so jung…‘, dann kann ich Ihnen mit fast 100-prozentiger Sicherheit voraussagen, dass der Klient pauschal antwortet: ‚Nein. Bei mir geht das nicht!‘ So funktionieren wir Menschen.

Das Allerwichtigste: Um provokativ in unserem Sinne zu arbeiten, müssen Sie dem Klienten zutrauen, dass er sich selbständig aus seiner festgefahrenen Lage heraus bewegen kann. Sie müssen das gar nicht aussprechen, aber unbedingt daran glauben. Wenn Sie der Meinung sind, dass der Klient ein hoffnungsloser Fall und dazu nicht in der Lage ist, werden Sie bitte nicht provokativ. Die Provokationen werden dann ätzend und zynisch und bewirken, dass der gute Draht zum Klienten verloren geht und er die Schotten dicht macht. Sie dürfen den Klienten beim provokativen Arbeiten auf keinen Fall auslachen. Stattdessen machen Sie sich gemeinsam mit ihm über seine Stolpersteine lustig, und zwar nur über diese. Das fordert ihn zum Widerstand gegen das eigene absurde Denken, Fühlen und Verhalten heraus. Der Klient sollte dabei immer etwas mehr lachen als der Therapeut.

Mit dem provokativen Ansatz in diesem Sinne ist es möglich, sehr schnell die Emotionen des Klienten in Wallung zu bringen. Manchmal reicht schon ein Satz, der beim Klienten etwas auslöst und eine Verhaltensänderung bewirkt. Das kann bereits in den ersten Minuten einer Beratungsstunde passieren, je nachdem, wie schnell Sie als Coach oder Therapeut den oder die Punkte erwischen, die für den Klienten emotional relevant sind. In jeder Sekunde einer Sitzung sollten Sie sich deshalb als Berater mit ihrer ganzen wohlwollenden Aufmerksamkeit dem Klienten und seinen emotionalen Reaktionen widmen, den verbalen wie den nonverbalen, und damit jonglieren. Druckreduzierend für den Berater ist, dass er nicht derjenige ist, der die Lösung für das Problem finden muss. Der Klient findet sie selbst. Die provokativen Interventionen helfen ihm dabei.

ProSA - ‚Nur' ein Einstieg?

In manchen Artikeln heißt es, die Provokative Vorgehensweise sei ausschließlich als netter humorvoller Einstieg in eine Therapie, ein Coaching oder eine Beratung geeignet und könne nur bei kleinen harmlosen ‚Problemchen' helfen. Das entspricht ganz und gar nicht unserer Erfahrung. Frank Farrelly ist es in seiner langen Psychiatriezeit unzählige Male gelungen, Patienten mit schwersten Störungen aus geschlossenen Abteilungen hinaus zu provozieren. Viele dieser Menschen nahmen danach ihr Leben wieder selbst in die Hand und konnten jenseits von psychiatrischen Anstalten relativ normal leben. Auch Noni und ich haben schon bei vielen unserer Klienten innerhalb kürzester Zeit radikale Kehrtwendungen in ihren Verhaltensweisen beobachten dürfen.

Anhand von folgendem Beispiel aus meiner Praxis kann man gut sehen, wie schnell eine Veränderung durch die ‚richtigen' Provokationen in die Wege geleitet werden kann. Ein Abiturient rief mich an und wollte eine Stunde bei mir vereinbaren. Im Hintergrund hörte ich, wie seine Mutter ihm soufflierte, was er mir sagen sollte. Der junge Mann kam und sein Problem war, dass er kurz vor dem Abitur seinen Hintern nicht mehr hochbekam, um zu lernen. Ich sprach das nach dem vorherigen Telefonat für mich Offensichtliche an und riet ihm provokativ, dass er ohnehin kein Abitur bräuchte, weil er ja seine Mutter hätte, die sich wunderbar um ihn kümmern würde und zwar bis an sein Lebensende. Sie hätte ihn indirekt ja auch hierher geschleift, wie ich am Telefon bereits heraushören konnte. Er musste schallend lachen. Ich sagte ihm, dass das doch auch viel bequemer wäre, wenn seine Mutter sich um alles kümmern würde, als wenn er sein Leben selbst in die Hand nehmen müsste. Außerdem hätte seine arme Mutter ohne ihn keine Lebensaufgabe und das könne er auf keinen Fall zulassen. Er solle sich als guter Sohn schämen, überhaupt daran zu denken, einen Schulabschluss zu machen und selbstbestimmt leben zu wollen. Je mehr ich ihn in diese Richtung provozierte, desto mehr begann er zu lachen und zu schwitzen. Irgendwann sprang er in der Stunde auf und hielt mir eine flammende Rede, dass er durchaus in der Lage sei, sein Abitur durchzuziehen und anschließend zu studieren und sein Leben selbst in die Hand zu nehmen. (Anmerkung: Er war übergewichtig und hing bis zu diesem Moment ziemlich phlegmatisch neben mir im Stuhl). Ich riet ihm dennoch weiter davon ab. Ich prophezeite ihm, dass er das zwar jetzt sagen würde, aber wenn er morgen seine Mutter wieder sehen würde, wäre er wieder ganz der alte Schlaffsack.

Ich hörte einige Zeit später, dass er sich tatsächlich nach dieser Stunde hingesetzt und sein Abi sehr motiviert in Angriff genommen hatte. Seine Mutter schickte mir daraufhin gleich den nächsten Klienten.

Wenn der provokative Hebel sitzt bzw. der richtige emotionale Knopf gedrückt wird, kann eine solche Veränderung von einer Sekunde zur anderen passieren und langfristige, nachhaltige Folgen haben. Die Grenzen dieses Ansatzes liegen nicht in der Art des präsentierten Problems, sondern ausschließlich in Ihnen selbst.

Und da sind wir schon bei den Kontraindikationen: Wann sollten Sie nicht provokativ arbeiten?

Die Kontraindikationen der Provokativen Vorgehensweise

Es gibt vier Situationen, in denen ich Ihnen davon abrate, provokativ zu arbeiten.

1. Wenn Sie selbst im gleichen Problem feststecken wie der Klient, wird es schwierig, provokativ zu werden. Sie können sich dann zwar in den Armen liegen und gegenseitiges Mitgefühl und Verständnis zeigen, aber das Problem provokativ liebevoll zu karikieren wird in diesem Fall schwierig, weil Ihnen die humorvoll relativierende Distanz fehlt. Sie sollten also dem Klienten in der Bearbeitung des Problems mindestens eine Woche voraus sein.

2. Es wird ebenfalls so gut wie unmöglich, provokativ zu arbeiten, wenn für Sie das Problem zu weit weg ist, d.h. wenn Sie überhaupt nicht verstehen, wovon der Klient gerade spricht. Sie können dann

nicht in das Weltbild des Klienten einsteigen, weil Sie gar nicht verstehen, was den Klienten bewegt. In dem Fall sollten Sie den Klienten entweder zu jemandem schicken, der sich mit der Thematik auskennt, oder sich vorher informieren, um was es eigentlich geht.

3. Die provokative Arbeit verbietet sich, wenn Ihnen der Klient unsympathisch ist oder Sie ihn nicht leiden können. Dann fehlt die wohlwollende, wertschätzende Grundhaltung, die unerlässliche Voraussetzung für die provokative Arbeit ist. Lassen Sie also die Finger davon und schicken Sie den Klienten zu einem Kollegen, den Sie nicht leiden können.

4. Eine letzte Kontraindikation ist die sogenannte individuelle Beißhemmung. Sie liegt bei jedem an einer anderen Stelle. Ihnen wird dann sowieso nichts Provokatives einfallen, deshalb richtet diese Kontraindikation nicht viel Schaden an, außer dem, dass in der Stunde nicht viel passiert, was den Klienten weiter bringen würde. Wenn Sie zum Beispiel glauben, dass der Klient zu hilfsbedürftig und schwach ist, um sein Problem ohne Ihre permanente Unterstützung und Hilfe zu lösen, wenn Sie die Krise kriegen, sobald ein Klient anfängt zu weinen, wenn Sie jedes Mal bei älteren Damen nicht mehr wissen, was Sie sagen sollen, wenn Sie bei Menschen mit Behinderungen in eine Schonhaltung verfallen (um nur ein paar Beispiele zu nennen), dann machen Sie lieber etwas anderes als eine halbherzige provokative Bemerkung. Versuchen Sie immer wieder für sich selbst herauszufinden, an was es liegt, dass Sie bei bestimmten Themen in Schockstarren verfallen und erweitern Sie Ihre eigenen Grenzen Stück für Stück.

Grundsätzlich gilt: Jeder, der Menschen im allgemeinen und den speziellen Klienten im besonderen mag und ihnen zutraut sich zu verändern, kann in unserem Sinne provokativ arbeiten. Jeder kann, darf und sollte das auch ein bisschen anders machen. Bringen Sie Ihre eigene Persönlichkeit mit hinein und kombinieren Sie das Provokative zudem mit anderen Methoden, Tools, Werkzeugen. Alles, was sich für Sie gut anfühlt, ist erlaubt und wird funktionieren.

Der Beginn in München

Bevor Noni Höfner auf Frank Farrelly stieß, war sie kurz davor, ihren Job als Psychologin an den Nagel zu hängen und etwas komplett anderes zu machen. Weder das Psychologiestudium noch eine der Zusatzausbildungen danach befriedigte sie so, dass sie hätte weitermachen wollen. Bis Frank auf der Bildfläche erschien. Bernhard Trenkle sagte zu ihr: Bevor du aufgibst, schau dir Frank Farrelly an. Seine Arbeit könnte was für dich sein. Gunther Schmidt organisierte damals ein Seminar mit Frank Farrelly. Noni ging hin. Bingo. Das war im Juni 1985. Ich war zehn Jahre alt.

Sie war begeistert von dem Ansatz. Außerdem verstand sie sich gleich gut mit Frank. Pragmatisch wie sie war (und immer noch ist), fing sie an, Seminare mit ihm zu organisieren und selbst provokativ zu arbeiten. Drei Jahre später, 1988, gründete sie das Deutsche Institut für Provokative Therapie (DIP). Anfangs kamen vor allem Psychotherapeuten, um den Provokativen Ansatz kennenzulernen. Sie hatten von Frank Farrelly gehört und waren neugierig. Frank hatte langjährige Erfahrung und war ein begnadeter Therapeut. Er arbeitete intuitiv und hatte keine Lust, seine Arbeit rational zu erklären. Er erklärte sie lieber mit Bildern und Geschichten. Noni, die gerne systematisch vorgeht, hatte das Bedürfnis, die provokativen Interventionen nicht nur intuitiv, sondern auch kognitiv zu begreifen. Sie konnte nicht nur gut organisieren, sondern entwickelte Übungen, anhand derer einzelne provokative Bausteine gezielt geübt werden konnten. Eine gute Ergänzung zu Frank also. Nach Gründung des Instituts und der Ausschreibung der ersten Seminare kamen langsam immer mehr Menschen. Anfangs waren es fast ausschließlich Psychologen. Inzwischen, fast dreißig Jahre später hat sich die Zielgruppe vergrößert. Neben Psychologen möchten Trainer, Coaches, Mediatoren, Unternehmensberater und Ärzte die Provokative SystemArbeit bei uns lernen und in ihrem Beruf einsetzen. Es mischen sich auch immer wieder komplett fachfremde Menschen unter die Teilnehmer. Wir hatten schon Frisörmeisterinnen, IT-ler, Hoteliers, Menschen aus der Pharmaindustrie... Sie kommen von überall her, wo Menschen mit Menschen zusammenarbeiten.

Ausbildungsmöglichkeiten

Nach einigen Jahren (als ich schon mit ins Institut eingestiegen war), merkten wir, dass es eine wachsende Anzahl an selbsternannten Provokateuren gab, die sich auf uns beriefen, ohne jemals eine Ausbildung bei uns gemacht zu haben. Sie hatten höchstens ein Video von Frank angeschaut oder ein einzelnes Seminar bei uns besucht. Bei diesen Provokateuren stand oft die pure konfrontative Arbeit im Vordergrund – ohne die wertschätzende Grundhaltung, die dabei unerlässlich ist.

Deshalb führten wir das DIP-Zertifikat ein. Es dient als Qualitätsnachweis und zum Schutz der Zertifizierten. Wir gehen davon aus, dass die Anwender des Provokativen Ansatzes nach Absolvieren des Zertifikats die unverzichtbare wohlwollende Grundhaltung verinnerlicht haben und leben. Diese Grundhaltung ist uns wichtiger als der Einsatz besonders ausgefeilter Techniken. Dabei behält sich das DIP vor, weniger geeigneten Kandidaten von der Anwendung der provokativen Interventionen abzuraten. Da diese Grundhaltung praktisch nicht messbar ist, gibt es beim DIP-Zertifikat keine Abschlussprüfung. Alle unsere Veranstaltungen sind auch für Teilnehmer offen, die kein Zertifikat anstreben. Unsere Seminare können einzeln oder im Kombipack gebucht und besucht werden.

Provokative SystemArbeit und Impro

Ich hatte erst einmal gar nicht vor, in die Fußstapfen meiner Mutter zu treten, und studierte Mitte der 90er Jahre Kommunikationswissenschaft und Psychologie in München. Nebenbei arbeitete ich vor allem im Medienbereich. Ich absolvierte Schichtdienste bei einem Radiosender, moderierte bei einem lokalen Fernsehsender, war ein paar Monate in einer großen Werbeagentur und ging ein halbes Jahr in die USA, um dort PR für eine große Firma zu machen. Das alles machte mir Spaß, aber so richtig Feuer fing ich nicht.

Kurz vor Ende des Studiums 1998 entdeckte ich mehr oder weniger zufällig das Improvisationstheater, das mich total begeisterte. Ich besuchte Kurse und initiierte zusammen mit ein paar anderen eine Improgruppe. Wir trafen uns regelmässig und traten auch immer häufiger auf.

Eines Tages kam ein begeisterter Impro-Fan auf mich zu und fragte mich, ob ich nicht für die Führungskräfte seines Verlags ein Improseminar halten könnte. Ziel sollte es sein, die Mitarbeiterkommunikation zu verbessern. Ich fragte einen meiner Impro-Kollegen, ob er das Seminar mit mir zusammen halten wollte. Da er keine Zeit hatte, war ich gezwungen, mich alleine ins kalte Wasser zu werfen. Ganz ohne Netz und doppelten Boden. Das Ergebnis war verblüffend. Die Teilnehmer blühten auf und überraschten sich selbst mit ihrer ungeahnten Kreativität. Und mir fiel es leicht und es machte richtig Spass.

Ich merkte sehr schnell, dass die Philosophie und die Techniken, die für gutes Improvisationstheater verantwortlich sind, für alle Bereiche gelten, in denen Menschen produktiv miteinander kommunizieren möchten und müssen. Dazu gehört – neben dem Mitarbeitergespräch, dem Smalltalk auf einer Party, dem Krisengespräch mit dem Chef oder dem anstrengenden Gespräch mit der Schwiegermutter – auch die provokative Kommunikation zwischen Therapeut, Berater, Coach auf der einen und dem Klienten auf der anderen Seite.

Und ich merkte auch: Die Philosophie, die hinter Impro steckt, ist absolut identisch mit den Prinzipien, die die Provokative SystemArbeit ausmachen.

Anfänger in der Anwendung der provokativen Werkzeuge setzen sich gerne unter Druck und glauben, sie müssten ununterbrochen schlagfertig und kreativ sein. Man kann jedoch durch Anstrengung weder kreativer noch intelligenter werden, im Gegenteil. Die provokative Arbeit setzt auch keine übermenschliche Kreativität voraus, sondern nur eine entspannte, wohlwollende Grundhaltung, einen Blick für das Naheliegende und eine wache Offenheit für

Angebote, die der Klient macht. Da Improtheater nach dem gleichen Prinzip funktioniert, erleichtern Übungen aus diesem Metier die Anwendung provokativer Methoden ungemein. Der Druck, kreativ sein zu müssen, lässt nach, und dadurch wird die Kreativität sehr beflügelt.

Für die provokative Vorgehensweise gilt das Gleiche wie für gutes Improvisationstheater: Mitspieler, Publikum und Klienten können nur erreicht werden, wenn die Emotionen beteiligt sind. Das heißt, nur wenn man als Therapeut, Berater oder Coach Bilder und Ideen entwickelt, die den Klienten emotional berühren, besteht eine Chance auf Veränderung. Spricht man nur seine Ratio an, passiert gar nichts. Der Klient wird in seinem Verhalten nichts anders machen als vorher, auch wenn er die ganze Sitzung lang fleißig genickt hat. Bilder, die den Klienten emotional erreichen, kann ich auch beim provokativen Ansatz nur entwickeln, wenn ich den Klienten und die Angebote, die von ihm kommen, wahrnehme. Erst dann kann ich damit spielen und liebevoll provozieren – wenn man provokativ arbeiten möchte, ist das die essenzielle Voraussetzung für Erfolg. Wie beim Impro kann ich die Angebote vom Klienten nur dann wahrnehmen, wenn ich mich nicht auf mich selbst konzentriere, also darauf, schlagfertige provokative Ideen haben zu müssen, sondern meinen Fokus auf das Gegenüber – in dem Fall den Klienten – richte. Ganz wichtig sind dabei seine nonverbalen Signale wie Mimik, Gestik und Körpersprache. Das ist meistens um vieles wichtiger als das gesprochene Wort, das oft vom eigentlichen Problem ablenkt.

Eine gelungene provokative Sitzung ist wie eine gute Impro-Szene. Keiner der Beteiligten weiß vorher, was alles passieren wird. Doch wenn man aufmerksam bleibt, ist man in der Lage, alle Angebote wahrzunehmen und ganz entspannt damit zu spielen. Auch das entspannte Versagen (‚Die Lust am Scheitern‘) des Beraters gehört dazu – und ist paradoxerweise kein Versagen mehr, sobald Humor und Entspannung im Spiel sind.[2]

Schon bald kreierte ich zusammen mit meiner Mutter das Seminar Impro und Provokative SystemArbeit (Impro & ProSA). Premiere

[2] Mehr zum Thema Impro in: Dr. Charlotte Höfner (das bin ich vor meiner Eheschließung und Namensänderung) ‚Mut zur Impro - Ungewöhnliche Tools für Beratung und Coaching. K&P Verlag. 3. Auflage 2015.

hatte dieses Format in unserem Institut im Jahr 2000. Ziel war es, Provokativen Neulingen den Einstieg in den Provokativen Ansatz zu erleichtern. Und es funktionierte. Die Teilnehmer schalteten zunehmend ihren Kopf aus und setzten sich beim Provozieren weniger unter Druck. Ich war nun offiziell im DIP angekommen. Noni vermittelte den provokativen Anteil und ich den Improaspekt. Zusätzlich wurde ich zunehmend in Firmen engagiert, um durch Improtechniken die Kommunikation der Mitarbeiter zu verbessern und ihre Kreativität zu erhöhen. Mein Studium war inzwischen beendet und ich steckte mitten in meiner Doktorarbeit. Ich war immer noch unschlüssig, ob ich noch mehr ins Seminargeschäft einsteigen sollte oder mir nach der Promotion was ‚Vernünftiges' in einer großen Firma suchen sollte.

Das Schicksal hatte vor, für mich zu entscheiden. Kurz nach Ende meiner Promotion im Jahr 2003 bekam Noni eine provokative Seminaranfrage, die sie nicht wahrnehmen konnte. Sie hatte zu dem gleichen Zeitpunkt bereits ein Seminar angenommen, das sie halten sollte. Also fragte sie mich, ob ich das übernehmen könnte. Es ging um einen zweitägigen Workshop zum Thema Provokativer Ansatz. Mit den Worten: »Ich habe an diesem Termin keine Zeit, und Du bist die Einzige, der ich das zutraue. Mach doch bitte einfach.« hatte ich meinen ersten offiziellen reinen provokativen Auftrag – gegen Geld. Uff.

Ich schlief einmal darüber und sagte etwas nervös zu. Das war doch etwas anderes als »nur« damit aufgewachsen zu sein oder im Seminar zugeschaut zu haben. Ich hoffte, dass es genauso gut laufen würde wie mein erstes Improseminar. Schwitzend fuhr ich zum Seminarort und war gespannt. Ich hatte vor allem Angst vor den Live-Arbeiten, die ein wesentlicher Bestandteil unserer Seminare sind. Bei einer Live-Arbeit demonstrieren wir unsere Arbeit anhand eines Teilnehmers bzw. einer Teilnehmerin mit einem echten eigenen Problem, das diese Person gerade hat. Wir arbeiten mit diesen »Klienten« für ca. 15 bis 20 Minuten provokativ im Plenum, vor allen Seminarteilnehmern. Eine echte Herausforderung und etwas ganz anderes, als im stillen Kämmerchen ein provokatives Einzelcoaching zu machen. Ich hatte fest vor, mich vor den Live-Arbeiten zu drücken. Falsch gedacht. Die Teilnehmer zwangen mich regelrecht dazu. Sie belagerten mich so lange, bis ich einwilligte. Ich war in leichter Panik, ging jedoch das Risiko ein, vor versammelter Mannschaft zu versagen. Gott sei Dank lief die Demo super, und ich bin den damaligen Teilnehmern unendlich dankbar, dass sie mich dazu genötigt hatten. Heute, unzählige Jahre, Live-Arbeiten und Einzelcoachings später, habe ich keine Angst mehr davor. In gleichem Maße wie meine Angst vor dem Versagen abgenommen hat, ist meine Kreativität explodiert.

DIE 10 ELEMENTE DER PROVOKATIVEN SYSTEMARBEIT

Die folgenden zehn Elemente sind grundlegende Elemente des Provokativen Ansatzes, wie wir ihn praktizieren. Sie stellen ein Grundgerüst dar, das Ihnen helfen soll die Provokative SystemArbeit und ihre Haltung dahinter besser zu verstehen. Sie sind nicht vollständig und nicht unabhängig voneinander zu betrachten, sondern greifen alle ineinander. Ich habe den einzelnen Punkten Auszüge aus Fallbeispielen beigefügt, die meiner Meinung nach die einzelnen Elemente schwerpunktartig illustrieren. Ausführlich finden Sie alle zitierten Fallbeispiele und noch weitere im zweiten Teil des Buches.

Die zehn Punkte sind nicht als Checkliste zu sehen, die Sie Schritt für Schritt abarbeiten müssen, wenn Sie mit einem Klienten provokativ arbeiten. Im Gegenteil. Das würde Sie nur verkrampfen und blockieren. Sie sind auch nicht die allumfassende und endgültige Beschreibung der provokativen Vorgehensweise, sondern gewissermaßen deren Skelett. Lesen Sie sich die Punkte im ersten Schritt durch und versuchen Sie, die Philosophie, die dahinter steckt, zu verstehen und zu verinnerlichen. Wenn dann im nächsten Schritt ein Klient vor Ihnen sitzt, vergessen Sie die Punkte wieder und nehmen in dem Moment, in dem Sie arbeiten, mit allen Sinnen wahr, was passiert und reagieren Sie darauf. Seien Sie offen und spontan in Ihren Reaktionen und vergessen Sie das Drehbuch.

Beginnen Sie die Stunde wie immer und lassen Sie beim ersten Mal bei Ihrem Lieblingsklienten eine provokative Idee pro Stunde einfließen. Auf diese Weise setzen Sie sich selbst nicht unter Druck, und die Chance ist groß, dass Ihnen dann sogar mehr als einmal etwas Provokatives einfällt. Wenn nicht, macht das auch nichts. Machen Sie sonst, was Sie normalerweise tun. Sie können jederzeit alle anderen Vorgehensweisen, Methoden, Techniken und Modelle, die Sie für geeignet halten, mit dem Provokativen Ansatz kombinieren. Wenn Sie merken, dass Ihnen das Provokative Spass macht, kann ich Ihnen garantieren, dass Sie automatisch immer provokativer werden. So ging es jedenfalls mir. Sie können dabei im Hinterkopf behalten, dass Sie nicht ständig neue provokative Ideen haben müssen. Solange der Klient mit im Boot sitzt, können Sie bei einer Idee bleiben. Diese schmücken Sie aus, entwickeln Bilder und Zukunftsszenarien, begeistern sich dafür, finden idiotische Lösungen, persiflieren sie oder spielen sie dem Klienten szenisch vor. Alles ist erlaubt.

1. Die Herstellung des Guten Drahtes

Die Herstellung des Guten Drahtes ist die Basis der Provokativen Systemarbeit. Wenn Ihnen der Gute Draht zum Klienten nicht gelingt, dann werden Sie bitte nicht provokativ.

Um provokativ zu arbeiten, müssen Sie in der Lage sein, eine konstruktive Beziehungsebene zum Klienten herzustellen. Das funktioniert eigentlich immer mit Klienten, die Sie ohnehin mögen und denen Sie jede Art von Veränderung zutrauen. Bei ihnen entsteht diese Verbindung automatisch. Schwierig wird es bei denen, die Sie nerven oder die Sie anstrengend finden und denen Sie im schlimmsten Fall nicht zutrauen, dass sie selbständig aus ihrer Sackgasse herauskommen.

Nehmen Sie sich bei diesen für Sie schwierigen Klienten ein wenig Zeit, um den Guten Draht herzustellen. Es ist alles erlaubt, was hilft. Sie können Small Talk machen, herumblödeln, sich über ein Thema unterhalten, das den Klienten interessiert oder jede andere

Möglichkeit, die Ihnen einfällt. Sie können zum Beispiel auch Geschichten aus dem eigenen Leben erzählen. Sie dürfen wieder Mensch sein und keine anonyme Beratermaschine, die bloß nichts Privates rauslässt. Wenn es passt, erzählen Sie es. Das bleibt hängen. Klienten fühlen sich verstanden.

Machen Sie sich dabei mental immer auf die Suche nach etwas Positivem. Hat der Klient ein nettes Lachen? Wirkt er ehrlich und kompetent? Hat er schöne Zähne oder schöne Haare? Hat er eine tolle Hose an? Gibt es irgendetwas anderes, was Sie an ihm mögen? Wenn Sie etwas gefunden haben, konzentrieren Sie sich in Gedanken auf genau das. Die positiven Wellen werden beim Klienten ankommen und eine funktionierende Beziehungsebene aufbauen.

Ein Beispiel von Frank Farrelly, das wunderbar illustriert, wie man den Guten Draht zur Klientin in den ersten Sekunden herstellen kann: Eine sehr korpulente Frau kam in seine Praxis und schmiss sich buchstäblich auf einen seiner Klientenstühle. Er sagte lachend und sehr wohlwollend: ‚Oh, oh, da geht mein Stuhl dahin…'. Die Frau lachte laut und fühlte sich sehr verstanden.

Eine weitere Möglichkeit, den Guten Draht zu halten bzw. neu herzustellen, besteht auch darin, den Klienten in den Sitzungen immer wieder anzustupsen. Angeeckt bin ich damit noch nie. Wenn Sie jemand sind, der lange braucht, bis er Körperkontakt zu jemanden hat, sei es bei einer Begrüssung, Verabschiedung, im Gespräch, also, wenn Sie sich damit nicht wohlfühlen, dann lassen Sie es bleiben. Denn dann wirkt das wie eine Masche, die nicht zu Ihnen passt, und kommt vermutlich beim Klienten komisch an.

Beispiel *(aus Fallbeispiel ‚Meine Nachbarin ist ein Messi' im zweiten Teil des Buches)*

Es ist der Beginn der Stunde. Ich bitte die Klientin, sich auf einen Stuhl neben mich zu setzen. Sie setzt sich und rückt sofort mit dem Stuhl ein wenig von mir weg. Ich rutsche ihr lachend mit meinem Stuhl hinterher und thematisiere ihr Wegrücken sofort.

Beraterin (Ber): Wo wollen Sie denn hin?

Klientin (Kl): Das ist mir wirklich ein bisschen zu nah.

Ich rutsche lachend noch näher und stupse die Klientin am Arm an: Ja, stimmt. Ich bin unmöglich. Und jetzt fasse ich Sie auch noch an. Ooops. Entschuldigung.

Kl lacht und das Thema der Nähe ist erledigt. Die Situation entspannt sich sofort, als ich das Thema Nähe humorvoll aufgegriffen habe.
Der Gute Draht ist hergestellt.

Ein weiteres Beispiel *(aus Fallbeispiel ‚Meine Tochter ist zu dick' im zweiten Teil des Buches)*

Ber: Sagen Sie doch bitte nochmal Ihren Vornamen. Ich bin blond und habe Sie sicher schon 3x gefragt…

Kl lächelnd: Nein. Haben Sie nicht.

Ber: Sehr gut.

Ich spreche immer alles gleich zu Beginn offen an, was ich wahrnehme. Wenn ich das freundlich tue, entspannt sich die Situation immer. Das mache ich nicht nur im Einzelcoaching, sondern auch am Anfang der Seminare. Wenn ich zum Beispiel merke, dass Skepsis im Raum ist, rede ich darüber. In den Anfängen meiner Seminar- und Coachingtätigkeit (ich war Anfang 20 und sah noch jünger aus) habe ich manchmal zu Beginn gesagt: ‚Sie denken sicher: Was kann dieses junge Ding Ihnen schon erzählen.' Die Teilnehmer oder Klienten fühlten sich jedes Mal verstanden, weil ich die Dinge aussprach, die sie im Kopf hatten. Der Gute Draht zu ihnen war sofort hergestellt.

Bewerten Sie nicht, wie manche Menschen sich ein Bein stellen in ihrem Leben, sondern versuchen Sie, sich hineinzuversetzen und zu verstehen, was in den Klienten vorgeht. Es hilft mir manchmal, die Klienten wie wunderschöne unbekannte bunte Käfer zu betrachten, von deren Verhalten ich mich überraschen lasse. Wenn Sie dazu in der Lage sind, landen Sie schnell Treffer (manchmal schon im ersten Satz oder spätestens nach wenigen Sätzen), und der Klient ist voll mit im Boot. Er spürt Ihr ehrliches Interesse sofort. Sie brauchen es gar nicht in Worte zu fassen.

Wenn Ihnen die Herstellung des Guten Drahtes trotz aller Versuche nicht gelingt, dann werden Sie bitte nicht provokativ. Die Provokationen werden dann ätzend, herablassend, zynisch oder sarkastisch und haben nur destruktive Konsequenzen. Arbeiten Sie mit diesen Klienten auf andere Art und Weise oder schicken Sie sie zu einem Kollegen.

2. Der Einstieg in das Weltbild des Klienten

Sobald der Gute Draht hergestellt ist (wie schnell und wie auch immer Sie das machen), gehen Sie einen Schritt weiter.

Fragen Sie nach dem Thema, mit dem sich der Klient in dieser Stunde beschäftigen möchte, und seien Sie sehr aufmerksam, was und vor allem wie der Klient auf die Frage: ‚Was ist das Thema/Problem?' antwortet. Achten Sie nicht nur auf die Worte, die Ihnen präsentiert werden, sondern auf alle nonverbalen Signale, die bei Ihnen ankommen. Die Klienten haben sich meistens zu Hause überlegt, was sie offenbaren möchten und was nicht. Es passiert deshalb häufig, dass sie Ihnen erstmal ein ‚Vorzeigeproblem' präsentieren. Dieses ist in der Regel eine Art Reportage, die nicht mehr oder nur noch wenig emotional geladen ist, und die der Klient schon unzähligen Freunden, Beratern, Coaches und/oder Therapeuten erzählt hat. Die Nummer-Sicher Variante für den Klienten. Das kann für den Anfang o.k. sein. Sie wollen als (provokativer) Berater jedoch mehr. Sie möchten den Klienten emotional erreichen. Meiner Meinung nach sind Veränderungen nur nachhaltig, wenn Emotionen beteiligt sind. Wenn der Klient ausschließlich rationales Verständnis zeigt und Dinge sagt wie: „Ja,...richtig...", ist das ganz hübsch. Einsicht ist besser als nichts. Sein Denken, Fühlen und Verhalten wird er dadurch jedoch noch nicht verändern. Ich habe das selbst bei zahlreichen Klienten erlebt, die viele Beratungen hinter sich hatten. Sie konnten mir genau erzählen, warum sie sind, wie sie sind, und an was es liegt, dass sie so geworden sind, und warum sie da nicht rauskommen. Verhaltensänderungen hatte diese kognitive Einsicht selten bis nie zur Folge. Erst der emotionale Klick bewirkte auch anhaltende Veränderungen im Verhalten.

Deshalb: Versuchen Sie herauszuhören, um was es wirklich geht, ohne nur auf den reinen Inhalt der Worte zu achten. Was steckt hinter dem Vorzeigeproblem? Setzen Sie die Brille des Klienten auf und fragen Sie sich, wie er die Welt sieht, und was er eigentlich sagen möchte.

Am einfachsten bekommen Sie emotionale Reaktionen vom Klienten, wenn Sie pauschal werden. Bildlich gesprochen schießen Sie in den Busch und gucken, ob ein Hase herausspringt. Das heißt Sie behaupten etwas, von dem Sie glauben, dass es in sein Weltbild passt, und gucken, ob der Klient reagiert. Wenn nicht, versuchen Sie einfach etwas anderes. Zensieren Sie sich nicht. Wenn Sie nonverbal wohlwollend bleiben, nimmt Ihnen kein Klient übel, wenn Sie mal daneben liegen.

Beispiel *(aus Fallbeispiel ‚Das Leben ist ein Jammertal' im zweiten Teil des Buches)*

Kl: Ich habe immer so depressive Verstimmungen…

Die Aussage passt zu der optischen Erscheinung und der Wirkung der Klientin, die sie auf mich hat. Ich vermute, sie hat ein eher negativ geprägtes Bild von der Welt, und spreche das als Behauptung formuliert aus. Ich schieße in den Busch und warte, ob ein Hase herausspringt.

Ber: ...Das Leben ist ja auch grauenvoll.

Kl *(lacht)*: Ja.

Sie reagiert. Offensichtlich habe ich einen Nerv getroffen. Sie lacht und entspannt sich körperlich ein wenig. Also mache ich weiter. Solange die Klienten dabei sind, brauchen Sie sich nichts Neues einfallen zu lassen.

Ber: Sie haben vollkommen recht.

Es kommt schon ein erster Widerstand.

Kl: Nein.

Ber: Wie, nein?

Wenn ich ihr gut zugeredet und differenziert erklärt hätte, dass das Leben doch gar nicht so schlimm ist, und dass sie doch mal überlegen solle, ob es nicht etwas Schönes gibt, hätte sie vermutlich pauschal das Gegenteil behauptet: ‚Nein. Mein Leben ist schlimm!' Durch mein offenes Aussprechen ihres Weltbildes (das, was ich denke, wie sie denkt) fängt sie an, selbst zu überlegen und zu sortieren. Man merkt es schon an der Art und Weise, wie sie spricht. Sie denkt laut und versucht, ihre eigenen Gedanken zu sortieren.

Kl: Na, also, ich finde das Leben nicht grauenvoll, aber ich hätte gerne so ein Stück mehr, so eine... äh... also, diese Freude auf etwas... es ist mehr so ein Grundgefühl... von so einer... äh... Gedrücktheit. Ich bin jetzt nicht schwer depressiv oder irgendwas, aber es ist...

Ich hake wieder ein und behaupte weiter. Wichtig: Ich stelle so gut wie nie Fragen (es sei denn, wenn ich äußere Daten wissen will, zum

Beispiel ihr Alter, ihren Beruf, die Anzahl der Kinder, usw.), sondern mache nur Aussagen und Unterstellungen zu ihren Gedanken und Gefühlen. Ihr Weltbild scheint tatsächlich relativ pessimistisch zu sein.

Ber: Das bleibt für immer so.

Ein weiterer kleiner Widerstand ist wieder spürbar.

Kl: Nee. Das würde ich ja gerne nicht, dass es immer so bleibt.

Ber: Da kann man aber nichts dagegen machen. Das kommt so aus dem Nichts. Die Grundmelancholie ist immer da, weil das Leben ein Jammertal ist...

Kl *(unterbricht mich, schon um einiges aktiver als am Anfang)*: Ich weiß nicht, ob das Leben ein Jammertal ist, aber ich habe schon die Befürchtung, dass es so bleiben könnte.

Sie ist emotional beteiligt. Also bleibe ich dabei.

Ber: Das wird immer so bleiben. Wie lange haben Sie das jetzt schon? 20 Jahre? 30 Jahre? Immer. Seit Sie denken können.

Kl: Es ist nur anders geworden so zwischendurch halt, aber…

Ber: Was ist da passiert, dass es anders war? Kam da irgendein Typ, der Sie belästigt hat?

Kl *(lacht laut auf)*: Neee. Ich hatte mich von meinem damaligen Freund getrennt. Und ich war an einem Ort, an dem es mir super gut ging. Ich war richtig angekommen, hatte einen Job, der passte…

Sie fängt an, über Positives in ihrem Leben zu sprechen.
Die Sitzung ging noch eine ganze Weile weiter. Ich habe mich von Satz zu Satz und allen verbalen und nonverbalen Signalen, die sie mir gegeben hat, gehangelt. Je mehr ich behauptete, dass sie ein negatives Weltbild hätte, desto mehr widersprach sie. Sie lachte und bekam immer

entspanntere Gesichtszüge. Anschließend hat sie mir gesagt, dass ihr gar nicht so bewusst war, wie sehr sie den Fokus immer auf die schrecklichen Dinge im Leben legt.

3. Aussprechen des Weltbildes des Klienten

Dieser Punkt geht Hand in Hand mit dem Punkt ‚Einstieg ins Weltbild'. Auch Berater, die nicht provokativ arbeiten, versuchen, das Weltbild ihrer Klienten zu begreifen. Wenn sie jedoch etwas „Merkwürdiges" entdecken, reden sie darüber nicht direkt mit dem Klienten, sondern höchstens mit einem Kollegen hinter vorgehaltener Hand. Provokative Therapeuten und Berater hingegen sagen dem Klienten diese Dinge, die sie normalerweise vornehm unter Verschluss halten würden, ganz direkt.

Wenn Sie in der Lage sind, den Guten Draht zum Klienten herzustellen und in sein Weltbild einzusteigen, also herausgefunden haben, wie der Klient die Welt sieht, indem Sie seine Brille aufsetzen, sprechen Sie als provokativer Berater möglichst sofort offen an, was Sie an Ihrem Gegenüber wahrnehmen, was ins Auge sticht und wovon Sie glauben, dass es dem Klienten bezüglich seines Problems schon einmal in den Sinn gekommen ist. Sprechen Sie seine Ängste und Befürchtungen aus. Sagen Sie Dinge, die Sie nicht nur verbal, sondern auch nonverbal beim Klienten bemerken. Wichtig: Das nonverbale Zutrauen in die Veränderungsfähigkeit des Klienten bleibt dabei immer erhalten.

Denkt der Klient, die Welt ist eher negativ (wie die ‚Pessimistin' im Beispiel vorher), er oder sie ist ein Versager, zu dick oder nicht in der Lage, die Kinder richtig zu erziehen, sprechen Sie genau das aus. Reden Sie auch darüber, wie der Klient sitzt, guckt, lächelt, usw. Wenn Sie all das wohlwollend tun, festigt das den Guten Draht. Der Klient bleibt emotional bei Ihnen und fühlt sich ernst genommen, nach dem Motto „Hier werde ich nicht belogen."

Beispiel *(aus Fallbeispiel ‚Kann ich provokativ arbeiten, wenn ich selbst im Rollstuhl sitze?' im zweiten Teil des Buches)*

Die Klientin ist ist Mitte 40, Psychologin. Sie sitzt seit ihrer Geburt im Rollstuhl. Sie kann nur den Kopf selbständig bewegen. Für alles andere braucht sie Hilfe. Ihr Problem ist, dass sie schon lange Therapeutin ist und jetzt gerne provokativ arbeiten möchte. Sie hat Hemmungen, das zu tun, weil sie im Rollstuhl sitzt und dadurch schon an sich eine Provokation darstellt.

Kl: Ich hab' wirklich Schiß, dass die Leute mich, wenn sie mich im Rollstuhl sehen, eh' schon irritiert sind und wenn ich dann noch anfange, provokativ zu werden…

Ich spreche das aus, wovon ich denke, dass es die Klientin denkt.

Ber: Das ist zu viel.

Kl: Dann werde ich gar nicht mehr ernst genommen. Das ist glaube ich wirklich meine Sorge.

Ber: Die sind eh' schon geschockt, wenn sie Sie sehen.

Kl: Genau. Und dann noch so was…

Ber: Und dann auch noch provokativ. Dann kommt aus dieser zarten Person, die so unglaublich nett aussieht, ein Knaller raus. Aus der Ecke. Die springen aus dem Fenster.

Kl: Dann denken die, ich bin auch noch geistig gestört...

Ber: Eben.

Beide lachen.
Wichtig: Ich habe keinerlei Beißhemmung vor Menschen mit Behinderung. Wenn Sie das als Berater haben, wird es schwierig provokativ zu werden, weil Sie in eine Schonhaltung verfallen. Aus einer solchen Schonhaltung heraus ist es so gut wie unmöglich, liebevoll zu provozieren.

Vier Wochen nach der Sitzung hat die Klientin tatsächlich angefangen, das Provokative Arbeiten auf ihrer Webseite zu promoten. Mit dem Bild einer Chili-Schote. Sie hat mir eine E-Mail geschickt und sich für die Sitzung bedankt. Einige Seminarteilnehmer waren direkt nach der Demo ziemlich geschockt, weil ich in der Sitzung kein Blatt vor den Mund genommen habe, ‚obwohl' die Klientin eine Behinderung hat und im Rollstuhl sitzt. Das Feedback der Klientin war, dass sie überhaupt nicht schockiert war, dass der Gute Draht immer vorhanden war und sie sich voll verstanden und erst genommen gefühlt hatte.

4. Persiflieren des Weltbildes des Klienten

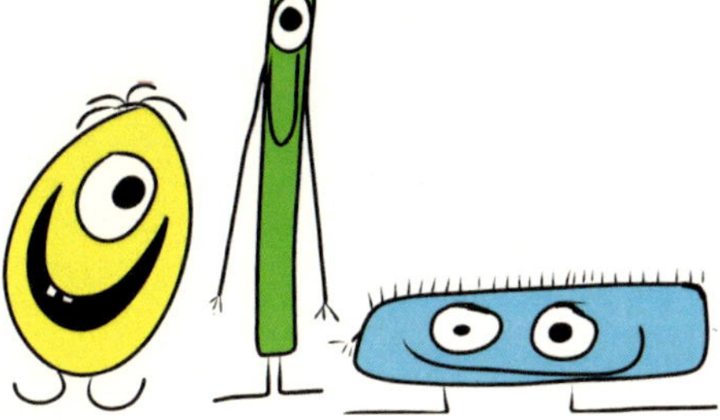

Wenn Sie in das Weltbild des Klienten eingestiegen sind und Dinge, die Sie offensichtlich bemerken, aussprechen, tun Sie das nicht in einem ernsthaften Oberlehrerton, sondern persiflieren Sie sie.

Übertreiben und überspitzen Sie das selbstschädigende Denken, Fühlen und Verhalten - aber nur das. Es steht niemandem zu, sich über Glaubenssätze lustig zu machen, mit denen sich ein anderer Mensch NICHT schadet. Geben Sie dem Klienten dabei immer mehr Recht, als ihm lieb ist.

Sie halten dem Klienten eine Art Rummelplatz-Zerrspiegel vor Augen, in dem er sich zwar noch erkennen kann, aber Widerstand gegen diese Karikatur seiner Selbstschädigung entwickelt, weil er sie so nicht stehen lassen will. Übertreiben Sie z.B. klaustrophobische Ängste, malen Sie „worst case scenarios" aus und führen Sie das Verhalten des Klienten ad absurdum. Der Klient kann auf diese Weise Abstand gewinnen, seine eigenen Stolpersteine viel deutlicher sehen und darüber lachen.

Wie immer ist dabei essentiell, dass Sie nonverbal wohlwollend bleiben. Die Persiflage darf den Klienten nicht bloßstellen und schadenfroh vorführen. Auslachen ist eine sehr brutale Form, einen anderen nieder zu machen. Damit verletzen und verlieren Sie den Klienten, der heftige Aggressionen gegen Sie entwickelt - der Schuss geht also unweigerlich nach hinten los. Das Ziel ist vielmehr, mit dem Klienten über seine Stolpersteine - aber nicht über ihn als Menschen - zu lachen, seine Energien zu stärken und ihm liebevoll und wertschätzend einen Ausweg zu zeigen. Dabei sollte der Klient immer etwas mehr lachen als der Berater. Denn wenn der Berater sich stärker über seine eigenen provokativen Einwürfe amüsiert und der Klient dabei stiller und stiller wird, ist etwas schief gelaufen. Dann haben Sie den Guten Draht verloren und sind nur noch bei sich.

Beispiel *(aus Fallbeispiel ‚Ich bin Perfektionistin' im zweiten Teil des Buches)*

Die Klientin ist eine junge Psychologin, die ihren ersten Job hat. Sie arbeitet in einer psychiatrischen Klinik. Als sie zu mir kommt, setzt sie sich laut seufzend auf den Stuhl. Das Stöhnen greife ich sofort auf. Damit stelle ich gleich den Guten Draht her. Gleichzeitig steige ich mit

meinem ersten Satz in ihr Weltbild ein, spreche das Offensichtliche an und fange bereits hier an zu übertreiben, indem ich ihr unterstelle, dass sie wohl ein ganz fürchterliches Problem hat.
Ber: Annette (Name geändert), was haben Sie für ein schreckliches Problem?

Kl: Also, ich hab das Problem, dass ich in einer Klinik arbeite…

Ich mache gleich weiter mit dem Übertreiben.

Ber: Mit lauter so Gestörten.

Sie gibt mir recht und fühlt sich verstanden.

Kl: Ja. Mit ganz vielen Gestörten. Und das ist eine ziemlich kleine Klinik. Und ich finde das Team super und den Chefarzt super und ich denke, ich muss jetzt auch ganz super sein.

Ich formuliere ihre Gedanken und übertreibe sie.

Ber: Sie denken, Sie müssen ganz super sein und sind einfach nicht gut. Die sind alle besser als Sie.

Kl: Genau. So ist es eigentlich. Ich muss eigentlich perfekt sein und muss die Patienten am besten schon beim ersten Mal, wenn ich reinkomme, heilen.

Sie scheint eine Perfektionistin zu sein. Ich greife das Thema auf.

Ber: Ja natürlich. Das ist Ihre Aufgabe. Sie haben diesen Job gewählt. Sie haben lange studiert. Was haben Sie studiert?

Kl: Psychologie.

Ber: Sie sind Psychologin. Sie sind vom Fach. Und jetzt versagen Sie völlig. Die sind alle besser als Sie, und Sie kommen da rein und sind ja auch so eine Freundliche, Nette.

Kl: Ja. schrecklich.

Ber: Und diese Klienten, die tanzen Ihnen auf der Nase rum bis zum Anschlag.

Die Klientin wirkt schüchtern und lieb. Fast zart. Da ist es durchaus naheliegend, dass Klienten sie auszuhebeln versuchen. Und das spreche ich an. Zensieren Sie sich da nicht. Wenn Ihnen so ein Zusammenhang einfällt, sprechen Sie ihn aus und übertreiben Sie ihn noch. Wenn er nicht passt, merken Sie das sofort an der Reaktion der Klientin. Hier passt er. Sie reagiert darauf.

Kl: Und ich denke dann immer noch, ich muss noch mehr irgendwie…

Ich übertreibe noch mehr, indem ich die Situation absurd ausschmücke.

Ber: Und das riechen die Gestörten zehn Meter gegen den Wind, und dann kommen Sie da rein, und die wissen schon: Ah, da kommt wieder die Annette. Ha. Dann werde ich gleich noch ein bißchen schizophrener als ich vorher war. Die hebel ich aus. Ha!

Kl: Die sind dann irgendwie auch noch nett zu mir.

Und wieder übertreibe ich.

Ber: Ja. Oh Gott. Und dann fangen Sie an zu weinen. Dann müssen die Verrückten Sie therapieren…

Es kommt ein erster zarter Widerspruch.

Kl: So schlimm war es noch nicht, aber…

Die Rückmeldung der Klientin direkt nach der kompletten Sitzung war folgende: Ich fühlte mich ertappt... Ich wurde immer rebellischer und denke jetzt, dass ich eigentlich ganz o.k. so bin, wie ich bin.

Und diese E-Mail kam ein paar Monate später: Es ist tatsächlich einiges passiert, und passiert immer noch. Ich bin jetzt noch drei Wochen in der Klinik, und dann läuft mein Vertrag aus. Sie wollten mich gerne behalten, und ich finde die Arbeit dort nach wie vor auch super, aber ich habe mich entschieden, noch mal was Neues zu wagen. Das heißt, ich will dann erst mal Urlaub machen und dann in eine andere Stadt ziehen. Es hat sich nach und nach immer ein bisschen mehr in Bezug auf die Klienten geändert, und die Arbeit mit Ihnen war gut und unterstützend, dabei genau zu wissen, in welche Richtung ich mich auf keinen Fall entwickeln will. Meinen Fall dürfen Sie sehr gerne mit in Ihr Buch aufnehmen, da freue ich mich. Und bin jetzt schon gespannt, es zu lesen.

5. Globalisierung des Weltbildes des Klienten

Als professionelle Berater werden wir im Allgemeinen dazu angehalten, so differenziert wie möglich zu agieren. Der Klient kommt mit sehr globalen Vorstellungen zu Ihnen, und je differenzierter Sie werden, um so globaler wird er. Daher ist es als provokativer Berater sinnvoller, noch globaler und pauschaler als der Klient zu werden, um ihn zur Differenzierung zu zwingen. Treffen Sie plakative, stereotype und politisch inkorrekte Aussagen und Sie werden merken, dass der Klient dadurch sehr schnell anfängt, zu sortieren und zu differenzieren. Denken tun Sie natürlich wie immer nicht, was Sie da sagen. Nonverbal sind Sie ganz beim Klienten.

Klienten haben häufig ein sehr verzerrtes Selbstbild. Es spiegelt ihre Ängste, ihre mangelndes Selbstwertgefühl, ihre Ohnmacht und Unfähigkeit, ihre problematische Situation zu beherrschen. Geben Sie dem Klienten auch hierin pauschal und übertrieben Recht. Sagen Sie ihm, dass jemand, der so blond, alt, dünn, dick usw. sei, diese Probleme keinesfalls lösen könne. Der Klient wird Ihnen ziemlich schnell widersprechen. Sie dürfen allerdings keinen Moment glauben, was Sie sagen. Trauen Sie dem Klienten in Gedanken alle Lösungsfähigkeiten zu, aber sagen Sie das Gegenteil.

Beispiel *(aus Fallbeispiel ‚Meine Tochter ist zu dick' im zweiten Teil des Buches)*

Im folgenden kurzen Auszug wird sehr deutlich, was mit Globalisierungen gemeint ist. Die Klientin hat zwei fast erwachsene Töchter. Eine davon ist relativ dick, die andere ist dünn. Die Klientin selbst ist schlank, und ihr Mann auch (sagt sie. Er ist nicht dabei). Sie macht sich Stress, weil ihre eine Tochter übergewichtig ist, und versucht ständig, ihr beim Abnehmen zu helfen. Dadurch entstehen Machtkämpfe und Streits.

Ber: Was ist Ihr Problem?

Kl: Also, es ist folgendes. Ich hab zwei Töchter.

Ber: Oh Gott. Ja. Das ist schon mal ein Problem.

Beide lachen.
Auch hier hake ich wie immer schnell ein. Das stellt sofort den Guten Draht her.

Kl: Die sind 16 und 18. Die Ältere, die 18-Jährige, ist ziemlich übergewichtig.

Ich werde global und übertrieben.

Ber: Also, die ist fett.

Werden Sie pauschal, wenn Sie merken, dass der Klient rumeiert und vorsichtig versucht, höfliche Ausdrucksweisen zu finden, obwohl offensichtlich ist, was er eigentlich denkt. Das zwingt ihn zu einer klaren Aussage.

Kl: Ja, fett würde ich jetzt nicht sagen. Sie wiegt so hundert Kilo.

Ber: Ja, das ist ja schon... puuuh.

Kl: Ja, ist schon…

Ber: Wie groß ist sie?

Kl: Ein Stück größer als ich.

Ich bleibe übertrieben, weil die Klientin voll dabei ist.

Ber: Ist ein Wumba. So ein richtiger Pfffff... *(ich mache dicke Backen und ein Fettgeräusch)*

Kl: Ja. Es hält sich noch in Grenzen, aber es ist schon schwierig, nette Klamotten zu finden, und die Bewegung fällt schwer usw…

Ber: Und die Tochter leidet darunter, oder Sie?

Kl: Ich glaube, mehr ich. Auf jeden Fall.

Ber: Mehr Sie.

Kl: Und die andere Tochter ist sehr bewegungsfreudig und dünn und hübsch. Und da ist zum einen eine Konkurrenz zwischen den beiden...

Ich fasse global zusammen.

Ber: Sie haben also eine fette, hässliche Tochter und eine dünne, hübsche Tochter…

Die Klientin lacht.
Es wird im Verlauf der Sitzung immer deutlicher, dass sich vor allem die Mutter den Druck mit dem Übergewicht der Tochter macht.

Einige Monate später bekam ich folgende E-Mail: Es ist wirklich ein Phänomen oder „Hexerei“, aber ich habe nach der Demo so viel Abstand zu dem Thema bekommen, dass ich meine Tochter nicht ein einziges Mal mehr mit dem Problem konfrontiert habe. Mir ist so was von deutlich geworden, dass es überhaupt nicht mehr mein Thema sein kann. Dass ich nun so entspannt damit umgehen kann, ist für mich eine riesige Entlastung. Und zum Thema Depotwirkung; ich habe mir die Arbeit noch einmal nach wenigen Tagen angehört und Ihre tolle Arbeit wirkt immer wieder und immer noch nach. Ich bin echt begeistert von dem Ansatz. Ihnen noch mal ein herzliches Dankeschön dafür.

6. Der Advocatus Diaboli

Dieser Punkt geht in eine ähnliche Richtung wie ‚Aussprechen des Weltbildes des Klienten‘, nur teuflischer. Sie zerren die finstersten Gedanken, die der Klient bezüglich seines Problems hat, an die Oberfläche, sprechen diese aus und raten „teuflisch“ zu weiterer Selbstsabotage. Einem Klienten beispielsweise, der das Rauchen aufgeben möchte, geben Sie zwar Recht, dass alle Welt sagt, Rauchen sei ungesund, ja tödlich! Sie sagen ihm aber gleichzeitig, dass das alles Blödsinn ist, und dass es doch genügend Beispiele für Raucher gäbe, die sehr alt geworden sind, Winston Churchill zum Beispiel.

Außerdem mache das Leben doch ohne Zigaretten keinen Spaß mehr, und der Rauchgenuss sei viel mehr wert als die wenigen unbedeutenden Nebenwirkungen. Als Advokat des Teufels sprechen Sie die Gedanken aus, mit denen der Klient versucht, sich selbst zu beruhigen, obwohl er in einem Winkel seiner Seele weiß, dass er sich damit selbst belügt. Je teuflischer und übertriebener die Ratschläge des Advocatus, um so mehr wird sich der emotionale Widerstand des Klienten gegen seine Selbstschädigung regen.

Wenn es um ein Problem geht, bei dem der Klient eine Entscheidung treffen möchte, die ihm schwer fällt, können Sie als Advocatus Diaboli gern alle paar Minuten die Seiten wechseln.

Sagen Sie einfach, dass Sie es sich doch anders überlegt hätten, und behaupten dann komplett das Gegenteil. Es hilft den Klienten, sich klarer zu machen, was sie selbst möchten.

Sagen Sie zum Beispiel einem Klienten, der nicht weiß, ob er sich trennen soll, seinen nervigen Partner umgehend zu verlassen. Zählen Sie dabei möglichst viele Stereotype über Männer oder Frauen auf, die Ihnen einfallen und die die globale Begründung dafür liefern, warum der jeweils Andere unmöglich ist. Ein paar Minuten später können Sie das komplette Gegenteil behaupten. Verwenden Sie wieder Stereotype als Untermauerung für Ihre nun neue These, warum der Klient unbedingt bei seinem Partner bleiben solle. Danach weiß der Klient in der Regel viel besser, was er selbst möchte.

Bei Live-Demos in Seminaren reagieren die Zuschauer oft mit Entsetzen, wenn Sie sehen, was ich den Klienten alles rate oder von was ich ihnen abrate. Fragt man jedoch die Klienten direkt, fühlen sie sich immer und oft zum ersten Mal seit langer Zeit verstanden.

Ich habe schon Klienten geraten, die sich über ihre nervigen Kinder beschwerten, diese zur Adoption frei zu geben und neue zu machen. Ich habe sehr dicken Klienten, die abnehmen wollten geraten, unbedingt weiter so viel zu essen, weil es viel zu anstrengend wäre, sich zu verändern, auch wenn sie dann irgendwann platzen, usw. Wenn man solche auf den ersten Blick brutalen Dinge äußert, besetzen die Klienten fast immer automatisch die Gegenposition, und ihnen wird auf diese Weise klar und vor allem emotional spürbar, wie sehr sie ihre Kinder lieben, was sie mit dem vielen Essen ihrem Körper antun... Es ist wirklich faszinierend.

Beispiel *(aus Fallbeispiel ‚Kinder oder nicht?' im zweiten Teil des Buches)*

Dieses Mal ein Beispiel von Noni Höfner. Die Klientin ist Ende 30 und weiß nicht, ob sie noch Kinder will oder nicht. Der Sitzungsauszug integriert den teuflischen Seitenwechsel bei einem Entscheidungsthema. Im Anhang ist dieses Beispiel ganz ausführlich beschrieben. Hier ein kleiner Auszug.

Die Beraterin rät erstmal vehement von Kindern ab…

Ber: Wie alt ist Ihr Mann?

Kl: 10 Jahre älter.

Ber: Also, mit so einem alten Sack sich zu vermehren, nur damit Sie Ihren Genpool zusammentun...

Kl *(lacht)*: Das geht gar nicht, oder?

Ber: Das geht überhaupt nicht. Da kommt ein uraltes Spermium geflossen... so pffff...

Kl lacht.

Ber: Trifft auf ein uraltes Ei... bong, bong, bong...

Kl lacht.
Ein bisschen später wechselt die Beraterin die Seite und begeistert sich auf einmal für das Gegenteil dessen, was sie vorher behauptet hat.

Ber *(begeistert)*: Doch, doch denken Sie doch mal, stellen Sie sich doch mal vor. Mit diesem tollen Mann jetzt ein unglaublich tolles Kind zu zeugen.

Kl: Nein. Weil diesen tollen Mann, den teile ich dann lieber nicht. Also, ich mein, das hat ja schon auch Vorteile.

Ber: Klar müssen Sie den teilen, wenn Sie ein Kind haben. Aber jetzt stellen Sie sich doch mal vor, die unglaublich tollen Gene von Ihrem tollen Mann und Ihre ganzen tollen Gene und Ihre Liebe würde ihren Ausdruck finden in so einem Haufen Protoplasma, so einem kreischenden…

Kl: Ach nee.

Ber: Nach einer Weile dann, dann werden die ein bisschen größer, und dann nimmt es Ihre Hand, so ein kleines Kinderhändchen in Ihrer Hand, und sagt ‚Mami' zu Ihnen.

Kl: Genau. Mhm.

Ber: Ach, wär' das toll.

Kl: Ja, das wäre einerseits ja schon schön, aber wie gesagt, also irgendwie, manchmal denk ich auch, es ist vielleicht auch ganz gut so ohne. Weil es ist ja tatsächlich so, diese ganzen durchwachten Nächte und Kindergeschrei und... Also ich liebe das schon auch sehr so, wie es ist.

Es folgen noch einige Seitenwechsel…
Die Klientin ist nach der Sitzung entspannter. Eine E-Mail zwei Jahre später zeigt deutlich, dass die Entspannung angehalten hat. Sie hat immer noch keine Kinder, aber kein Problem mehr damit.

Auch diese übertriebenen Unverschämtheiten funktionieren nur, wenn Sie nonverbal wertschätzend bleiben. Und ganz wichtig: Sie haben als Berater kein Ziel vor Augen, in welche Richtung der Klient seine Entscheidung treffen soll. Das bleibt ganz alleine ihm selbst überlassen. Das Hin und Her oder auch Ping-Pong hilft ihm dabei.

7. Begeisterung für das Symptom

Sich für die Symptome des Klienten zu begeistern ist ein weiteres Element, das Sie immer mit einfließen lassen können. In anderen Worten heißt das, dass Sie versuchen herauszufinden, welche Vorteile das Symptom dem Klienten verschafft. Was ist also der sekundäre Krankheitsgewinn? Genau dafür begeistern Sie sich. Was hat der Klient zum Beispiel davon, dass er depressiv ist? Was bringt es ihm, dass er geizig und knauserig ist, dass er Migräne hat, zu dick ist, usw. Zählen Sie alle Vorteile auf, die ein solches Symptom für den Klienten haben könnte. Begeistern Sie sich zum Beispiel für die Fettrollen einer Klientin mit extremem Übergewicht, die abnehmen will, aber es nicht schafft („manche Männer stehen auf so weiche Kissen wie Sie, Sie können deshalb immer essen, was Sie wollen und müssen sich nicht kasteien", usw.). Erwähnen Sie nur ganz nebenbei die Nachteile dieses Verhaltens, und spielen Sie sie herunter („der Nachteil ist, dass Sie mit 150 kg zwar früher sterben, Diabetes und Herzprobleme bekommen, aber wen kümmert das denn schon, dafür haben Sie richtig gelebt bis dahin", usw.). Denken Sie auch hier immer an die nonverbale unterstützende Haltung, die verhindert, dass Sie den Klienten verletzen.

Beispiel *(aus Fallbeispiel ‚Mein Klient hebelt mich aus' im zweiten Teil des Buches)*

Der Klient ist selbst Coach und kommt bei einem seiner eigenen Klienten nicht weiter, hat aber den Ehrgeiz, ihn zu knacken, weil der

Klient ein Sohn von Freunden ist, und er die Freunde nicht enttäuschen möchte.

Ich begeistere mich dafür, wie er sich stresst, weil er nicht als schlechter Coach dastehen möchte...

Ber: Selbst Sie als etablierter Therapeut werden ihn nicht knacken. Dann können Sie sich umbringen danach.

Kl *(lacht laut)*: Das wäre eine Überlegung *(lacht wieder)*. Jedenfalls soll der meinen Ehrgeiz brechen.

Etwas später…

Ber: Naja, aber wenn Sie es da verkacken, dann ist es ja vorbei.

Kl: Dann ist es vorbei... Mhm...

Ber: Dann wird der Druck ja immer größer. Sie versagen bei diesem Klienten. Und beim nächsten machen Sie sich noch mehr Druck, weil da muss es ja dann wieder klappen, und dann versagen Sie wieder und wieder und wieder und wieder… Dann haben Sie irgendwann einen Ruf.

…

Ber: In Ihrer Stadt gehen dann immer mehr Rollos runter, auf denen steht ‚Herr XY hat schon wieder versagt!' ‚Der kann's nicht mehr!' ‚Der hat den Saft verloren!' ‚Der hat es nicht mal bei dem geschafft!' Wie alt sind Sie?

Kl: 66.

…

Ber: ‚Er ging als Versager in Rente!' Beim letzten Klienten hat er es nicht mehr geschafft.

Kl *(lacht laut auf)*: ‚Er hat zu spät aufgehört.'

Ber: Ja. ‚Er war zu alt.' ‚Es war zu spät.' Sie hätten mit 65 aufhören sollen, dann hätten Sie das Problem mit diesem Kerl jetzt nicht.

Kl: Stimmt. Aber man kann die Zeit nicht zurückdrehen.

Ber: Scheisse. Jetzt haben Sie den an der Backe.

Kl: Mhm.

Der Klient hat noch auf der Rückfahrt seinen Problemklienten angerufen und ihm gesagt, dass er ihm nicht mehr hinterherlaufen würde. Er schickte mir noch mehrere E-Mails danach, dass das Problem für ihn gelöst sei.

8. Bilder verwenden

Wir Menschen denken in Bildern. Deshalb ist es sehr gut, dem Klienten imaginäre Bilder zu zeichnen. Wenn Ihnen im Gespräch ein Bild einfällt, das zum Problem passt, sagen Sie es und beschreiben es ausführlich. Benutzen Sie so oft wie möglich bei Ihren Provokationen innere Bilder, die Ihnen bezogen auf den Klienten und sein Problem einfallen. Sie haften besser als alles andere, entwickeln sich dynamisch und relativieren das Problem, wenn der Klient das nächste Mal in der Problemsituation ist; vor allem dann, wenn es

Ihnen gelungen ist, ein möglichst absurdes, humorvolles Bild zu zeichnen, das einen Widerhaken beim Klienten hat. Sie können dabei die Bilder mit Worten ‚zeichnen', das heißt, Sie beschreiben das Bild einfach oder Sie spielen kleine bildhafte Szenen vor, um bestimmte Situationen zu verdeutlichen oder Menschen zum Leben zu erwecken, die nicht anwesend sind. Das tue ich häufig. Meine langjährige Improtheatererfahrung hilft mir dabei sehr.

Bei einem perfektionistischen Klienten erfand ich zum Beispiel einmal das Bild eines kleinen Teufels, der mit einer Peitsche in der Hand auf seiner Schulter sitzt und ihn dazu antreibt, alles perfekt zu machen. Ich malte diesen Teufel sehr deutlich aus, beschrieb seine Gesichtszüge, seine Bewegungen, seine Größe, seine Art zu sprechen, und spielte dem Klienten diesen Teufel mit seiner ganzen Mimik und Verhaltensweisen immer wieder vor. Ich wurde dabei selbst zum kleinen ekligen Teufel mit einer teuflischen Stimme. Zwei Tage nach der Beratung bekam ich eine E-Mail von diesem Klienten, in der er mir schrieb, dass er das Teufelsbild immer wieder vor seinem inneren Auge habe und dabei jedes Mal lachen müsse. Er könne jetzt die Dinge nicht mehr so perfektionistisch betrachten wie vorher.

Bei einer weiteren Klientin fielen mir auch einige Bilder ein, die bei ihr zu einer langanhaltenden Veränderung ihres Verhaltens führten. Und das nach einer Stunde. Die Klientin war ein 14-jähriges Mädchen. Ihr Problem: Sie hatte seit Jahren nirgends ohne ihre Mutter übernachtet. Eine anstehende Klassenfahrt, die über mehrere Tage dauern sollte, stürzte sie deshalb in große innere Konflikte. Sie kam mit ihrer Mutter zu mir, und ich fing sehr schnell an, ihr - nonverbal liebevoll und verbal äußerst provokativ - dringend davon abzuraten, ihr Verhalten jemals zu ändern. Ich sagte ihr, dass das Leben sehr gefährlich sei, und sie ohne ihre Mutter nicht überleben würde, vor allem nicht nachts. Außerdem schilderte ich ihr in glühenden Farben, dass sie nach dem Tod ihrer Mutter irgendwann in der Zukunft, diese unbedingt ausstopfen und einen Motor mit Muttergeräuschen einbauen lassen müsse. Die Puppe solle sie dann überall zum Übernachten mitnehmen. Denn nur so könne sie garantieren, dass sie auch wirklich ruhig schlafe. So und ähnlich ging das die ganze

Stunde. Das Mädchen schaute mich abwechselnd an, als wäre ich nicht ganz dicht, oder sie lachte sich kaputt. Manchmal kamen ihr auch die Tränen. Sie war emotional voll dabei. Etwa einen Monat nach dieser Stunde bekam ich von ihrer Mutter nachts um zwei eine E-Mail. In dieser stand, dass ihre Tochter gerade bei einer Freundin schliefe und noch nicht angerufen hätte. Etwa sechs Monate später traf ich die Mutter wieder. Die Tochter war inzwischen 15, und ich fragte sie, wie es ihr ginge. Sie meinte lachend, dass sie inzwischen schon den zweiten Freund hätte und dauernd auf Partys ginge und bei Freundinnen übernachte. Ich habe grinsend geantwortet: Sorry. Das tut mir leid. Sie bedankte sich gutgelaunt bei mir.

So ein direktes Feedback bekomme ich nicht immer. Obwohl ich in jeder Stunde merke, dass emotional etwas in Gang gekommen ist, können die Klienten in der Regel nicht sofort formulieren, was sie jetzt damit machen. Doch die Stunden wirken nach, wie eine Depotpille. Verstärkt wird das dadurch, dass ich jede Sitzung aufzeichne und diese Aufzeichnung (fast) jedem Klienten mitgebe. Die ‚Hausaufgabe' besteht darin, dass sie sich diese Aufnahme noch einmal zu Hause anhören. Ich freue mich über jede E-Mail, in der sie mir über weitere Entwicklungen berichten. Viele Klienten schreiben mir. Manchmal allerdings erst nach ein paar Wochen oder Monaten.

Beispiel *(aus Fallbeispiel ‚Alle anderen sind doof' im zweiten Teil des Buches)*

Die Klientin ist Mitte 30, hat zwei kleine Kinder und ist genervt von dem Gejammer in ihrem familiären Umfeld.

Kl: Ein Beispiel ist: Kürzlich waren unsere Kinder krank, ein Magen-Darm-Virus, und dann hat es natürlich auch eine ganze Seite der Familie betroffen. Und mein Bruder hat gesagt ‚Wie geht's denn den Bazillenschleudern?' Die Kinder waren dann die, die das verbreitet haben. Und das war auch vor einem Jahr schon so nach dem Motto ‚Ja, bei Euch haben wir uns angesteckt.' Wir wurden deshalb an Heiligabend ausgeladen.

Ber: Sie sind aussätzig. Sie verbreiten nicht nur positives Zeug, sondern Sie sind auch noch Schuld an deren Unglück.

Kl: Ja, genau.

Mir fällt ein absurdes Bild dazu ein.

Ber: Bringen Sie sie einfach nur total clean. Schlagen Sie ihnen doch vor, dass Sie so eine Art Gesundheitsscanner vors Haus stellen und dann müssen die Kinder da immer erst durch. Und wenn das Ding piept, dann dürfen die Kinder nicht ins Haus. ‚Biep, biep, biep, biep, biep...! Nein, das geht nicht. Die haben noch irgendwo einen Virus, irgendein Bakterium, an der linken Arschbacke hängen, und dann dürfen die da nicht durch!'

Kl lacht sich halb tot.

Ber: Das kann ich mir richtig gut vorstellen. Wie alt sind die Kinder?

Kl *(lachend)*: 2 und 4.

Ber: Ja, eben. Das gibt es doch bestimmt. Die haben doch alles schon erfunden. Das kaufen Sie und dann schenken Sie das Ihren Eltern und Schwiegereltern, jeweils ein Gerät und dann sagen Sie: O.k., wir testen das vorher. Wir schieben die Kinder da durch, und wenn es piept, gehen wir wieder heim.

Kl *(kann vor Lachen kaum mehr sprechen)*: Ich überlege gerade, wo es so was geben könnte.

Ber: Das gibt es bestimmt im Internet. In Amerika. Die haben doch immer so verrücktes Zeug.

Kl *(immer noch lachend)*: Genau.

Ber: Das ist doch die Lösung für Ihre Probleme. Dann haben Sie kein Problem mehr mit den Verwandten.

Kl: Und wie leide ich dann?

Ber: Wie?

Kl: Ich muss ja leiden. Irgendwie.

Ber: Erst durch den Scanner, alle zusammen mit den Kindern. Und wenn Sie alle clean sind, dann müssen Sie weinend vor der Verwandtschaft zusammenbrechen...

Kl *heult vor lachen.*

Ber: ...weil die Welt so schlecht ist. Das ist doch super. So wollen die das. Dann haben Sie alle eine Basis für eine Beziehung. Alle paar Wochen durch den Scanner, heulen, Kaffee trinken, jammern über das Schlimme der Welt, und dann gehen Sie wieder nach Hause.

Kl *(beruhigt sich langsam)*: Das wäre super. Wenn es den Scanner gäbe. Den würde ich sofort kaufen.

Ein weiteres Bild etwas später... es geht darum, dass sich die Klientin ständig über alle anderen beschwert mit dem Unterton: Nur wir machen es richtig.

Ber: Also müssen Sie DIE irgendwie entsorgen. Sie könnten ja zu viert auf eine einsame Insel ziehen und den Kontakt zu allen abbrechen und immer nur Leute auf die Insel lassen, die so sind wie Sie.
Die Klientin verknüpft das Inselbild selbst mit dem Scannerbild vorher. Es ist super, wenn das passiert. Offensichtlich haben die Bilder einen Widerhaken bei ihr.

Kl: Also dann für die einen Scanner einrichten...

Ber: Ja, so einen Positiv-Scanner. Die dürfen nur rein, wenn sie positiv sind, wenn sie nie jammern.

Kl: Super.

Ber: Es gibt so viele Inseln. Ist Ihr Mann reich oder Sie? Sie könnten so eine Insel kaufen. Mit Selbstschussanlage nach außen.

Kl: Wir haben gerade gebaut. Da könnten wir die Selbstschussanlage installieren.

Ber begeistert: Das ist doch DIE Idee!!!

Kl: Ja.

Ber: Sie bauen dann allen so Computer-Chips ein. Und wenn diese Chips reagieren, weil die, die auf die Insel kommen, was Negatives denken, dann dürfen die nicht mehr mit Ihnen befreundet sein.

Kl: Super.

Ber: Sie sind ja sowieso die Einzigen, die wissen, wie es geht.

Diese E-Mail kam ca. 2 Wochen später von der Klientin: Interessanterweise fand ich das Bild mit den Scannern unglaublich witzig. Nachhaltiger hat sich aber das Bild der Insel bei mir eingeprägt. Nämlich wir mit unserem positiven Schmarrn sitzen quasi vereinsamt auf der Insel. Nachdem wir (also mein Mann und ich) festgestellt haben, dass uns bei vielen Menschen unserer nächsten Umgebung eher die „Fehler" auffallen, haben wir begonnen, daran zu drehen und wieder mehr den Blickwinkel auf das zu lenken, was gut ist. Und siehe da, schon nervt mich das Gedöns der anderen sehr viel weniger, und ich hab wieder mehr Zeit, mich mit mir und meinem Mann zu beschäftigen (statt mit dem unmöglichen Verhalten der anderen). Danke:-)

9. Idiotische Ratschläge

Wenn sie provokativ arbeiten, geben Sie den Klienten andauernd Ratschläge. Diese Ratschläge sind allerdings nicht geradlinig, sondern komplett idiotisch.

Schlagen Sie zum Beispiel einem Hypochonder vor, er solle seinen Job kündigen und jeden Tag acht Stunden lang zu Ärzten gehen, die ihm helfen könnten. Nachts solle er sich in die Notaufnahme legen, für den Fall der Fälle. Finanzieren solle er sich diese Arztbesuche, indem er einen Ratgeber für andere Hypochonder schriebe, die ähnliche Probleme hätten wie er.

Übertreiben Sie maßlos und stellen Sie Ihre Ratschläge als das einzig Richtige dar. Wie schon beim Advocatus Diaboli beschrieben können Sie auch hier zehn Minuten später das komplette Gegenteil von dem vorschlagen, was Sie vorher gesagt haben. Hauptsache, es ist idiotisch. Wenn Sie nonverbal wohlwollend bleiben, beginnt der Klient zu relativieren und zu differenzieren und die eigenen Absurditäten deutlicher zu sehen, wobei er sich trotzdem sehr ernst genommen fühlt.

Beispiel 1 *(aus Fallbeispiel ‚Mein Sohn ist ein Dauerstudent' im zweiten Teil des Buches)*

Die Klientin ist um die 50, sehr schlank und sieht unglücklich aus. Sie beschwert sich darüber, dass ihr Sohn schon ewig studiert und sie gern die monatlichen Zahlungen einstellen möchte. Auf ihre Versuche, ihn zu überzeugen, dass er sich langsam selber finanzieren müsse, reagiert der Sohn immer mit Ausreden und Charme. So, dass sie immer weiterzahlt. Bisher.

Ich schlage ihr vor, dass sie ihm einen Job suchen solle, damit er ihr nicht mehr auf der Tasche liege und sie endlich nicht mehr zahlen müsse. Dabei werde ich total idiotisch.

Ber: Sie gehen mit ihm zu den Vorstellungsgesprächen.

Kl *lacht sich tot.*

Ber: ‚Das ist mein Sohn. Er ist 27 und ich such‘ ihm jetzt einen Job. Ich bin die Mutti.‘

Kl *(lacht immer noch)*: Die Mutti. ‚Er braucht einen guten Job.‘

Ber: ‚Ich will nicht mehr bezahlen. Nehmen Sie ihn. Bitte!!!‘

Kl *(lacht immer noch)*: Ja, aber dann denk‘ ich mir, dass die sich total verarscht vorkommen...

Ber: Sie könnten sich ja auch hinter ihm verstecken, unter einem Mantel, dass die das nicht sehen. Und dann flüstern Sie ihm alles ins Ohr. Oder Sie benutzen die moderne Technik mit so Ohrstöpseln. Er setzt ein Headphone auf, was man nicht sieht. Und Sie flüstern ihm, was er dem sagen muss.

Kl: Mhm...

Ber: Und dann müssen Sie natürlich auch gucken, dass er den Job behält. Sonst wird er eingestellt und versagt dann, wenn Sie nicht mehr dabei sind.

Kl: Ich müsste ihn sein Leben lang coachen.

Ber: Immer mit Knopf im Ohr.

Kl: Immer mit Knopf im Ohr.

Ber: Tag und Nacht.

Kl: Ich würde ja wahnsinnig werden.

Ber: Das macht doch nichts.

Kl lacht.
Die Klienten ist nach der Sitzung wesentlich entspannter als vorher. Sie sieht nicht mehr so unglücklich aus und lacht viel häufiger.

Beispiel 2 *(aus Fallbeispiel ‚Mein Sohn versagt in der Schule' im zweiten Teil des Buches)*

Die Klientin beschwert sich über ihren 14-jährigen Sohn, der aktuell in der Schule immer schlechter wird. Sie hat Schuldgefühle deswegen und bezieht es auf sich. Sie denkt, es hängt damit zusammen, dass sie so viel arbeitet und in ihren Augen nicht genug für ihn da ist.

Ber: Sie sollten Ihren Job kündigen…

Kl *(lacht)*: Ok. Mach ich.

Ber: ...und ihm von morgens bis abends sagen, dass er gute Noten schreiben muss, weil das wichtig ist fürs Leben. Das machen Sie wahrscheinlich immer abends zwischen fünf und sieben, wenn Sie nach Hause kommen. Er sagt schon: Mami kommt nach Hause. Und Sie sitzen da und sagen: So. Du warst also wieder schlecht…

Die Klientin schaut mich entgeistert an. Ich greife das sofort auf spreche es an.

Ber: Schauen Sie mich doch nicht so an!

Kl *(lacht)*: Ich frage mich gerade, wie das funktionieren soll. Sie sagen so viele Dinge, die natürlich nicht stimmen. Und nu?

Ber *(lacht)*: Sie schauen mich an, als wäre ich nicht ganz dicht.

Kl: Nein. Ich weiß, dass das, was Sie da gerade alles sagen, so nicht ist.

Ber: So nicht ist? Das heißt, der ist doch zu ein bisschen was in der Lage?

Kl: Ja, der hat alles Mögliche, wozu er in der Lage ist.

Ber: Zum Beispiel?

Kl: Er will nicht. Er könnte theoretisch bestimmt auch so was wie Vokabeln lernen. Rein in der Theorie trau' ich ihm das voll zu.

Ber: In der Praxis findet das nur nie statt. Ich finde, der macht das klasse. Der treibt Sie in den Wahnsinn.

Kl: JA!

Sie sagt mir am Ende: Was Sie wirklich erreicht haben, ist eine liebevolle Verteidigungsschlaufe für meine drei Kinder inklusive meinem Sohn. Die Löwenmutter.

Wir kommen zum letzten Punkt. Er ist eher eine Zusatzinformation als eine konkrete Handlungsanweisung. Denn: Wenn Sie provokativ arbeiten, werden Sie merken, dass die Klienten sehr häufig in tranceähnliche Zustände geraten. Meist geschieht das in dem Moment, in dem sie den inneren Speicher im Hirn danach absuchen, was da eigentlich gerade passiert, und ihre Gedanken und Gefühle zu sortieren versuchen. Dieser innere Suchvorgang ist sehr heilsam, da er den Klienten aus seiner bisherigen Sackgasse („Hier geht es nicht weiter!") herausmanövriert.

Und jetzt: Wenn Sie selbst provokativ arbeiten, vergessen Sie wieder alle Regeln und konzentrieren Sie sich Satz für Satz immer wieder neu auf den Klienten.

FALLBEISPIELE

Es folgen nun elf ausführliche Fallbeispiele, schwerpunktmässig aus meiner provokativen Praxis. Wie in der Einleitung des Buches bereits erwähnt, habe ich außerdem jeweils eine Sitzung von Noni Höfner und eine von Frank Farrelly hinzugefügt, damit Sie einen Vergleich haben, wie auf unterschiedliche Art und Weise und dennoch im selben Geiste provokativ gearbeitet werden kann, darf und soll. Auszüge aus einigen dieser Fallbeispiele konnten Sie bereits im Rahmen der 10 Punkte anlesen. Andere wurden bisher noch nicht zitiert.

Vor den Fallbeispielen möchte ich noch einige Vorbemerkungen zu unseren Sitzungen machen. Sie sind wichtig, weil wir diese Dinge fast in jedem Seminar gefragt werden.

Vorbemerkungen

Wie beginnen und enden die Beratungsstunden?

Der Provokative Ansatz ist eine im Hier-und-Jetzt angesiedelte, prozessorientierte Vorgehensweise. Ich beginne jede Beratungsstunde mit der Einschaltung des Ton-Aufnahmegerätes und der Frage ‚Über was möchten Sie in der heutigen Stunde sprechen?' und beende sie nach 60 Minuten, meist mit einem Wecker. Es ist meiner Ansicht nach weder notwenig noch förderlich, nach der Stunde ein Fazit zu ziehen. Ich habe zu Beginn meiner provokativen Tätigkeit beides ausprobiert: Meine Erfahrung damit ist, dass ein Teil der emotionalen Energie, die durch die provokativen Interventionen aktiviert wurde, wieder abgeschwächt wird, wenn ich im Nachhinein mit den Klienten darüber (rational) spreche. Denn: Die Klienten sind viel stärker, als wir denken. Das Fazit schaffen sie wunderbar alleine. Wenn Sie sich als Berater jedoch wohler fühlen, den Einstieg in die Stunde unprovokativ zu gestalten und/oder den ‚Sack am Ende wieder zumachen' möchten, tun Sie das. Am wichtigsten ist, dass Sie entspannt bleiben. Sind Sie unter Druck und im Stress, merkt das der Klient sofort. Es könnte sein, dass Sie mit den nichtprovokativen Intros und Extros aufhören, wenn Sie es ein paar Mal ohne probiert haben und merken, dass es durchaus geht.

Im Anschluss an die Sitzung gebe ich den Klienten die aufgezeichnete Tonaufnahme mit und sage ihnen, dass sie sich die Stunde zu Hause noch einmal anhören sollen und mir gerne eine E-Mail schicken dürfen, in der sie mir schreiben, was im weiteren Verlauf passiert ist. Um Bürokratie zu sparen, rechne ich direkt nach der Stunde bar mit den Klienten ab, quittiere ihnen den Betrag und schicke sie nach Hause. Die meisten schreiben uns einen Tag bis ein Jahr später eine E-Mail mit den unterschiedlichsten Rückmeldungen. Allen gemeinsam ist, dass die Stunden immer etwas auslösen. Das sieht man an verwirrten Zuständen nach der Stunde bis hin zu tiefgreifenden Erkenntnissen und Verhaltensänderungen, die sie uns im Nachhinein per E-Mail mitteilen.

Wie sitzen die Klienten während der Stunde?

Die Klienten sitzen sowohl im Einzelcoaching als auch während der Life-Demos in den Seminaren direkt neben mir auf einem Stuhl (bei Paaren sitzt einer der Beteiligten links und der andere rechts neben mir). Die Stühle sind einander zugewandt, dicht beieinander.

Ungefähr so:

Diese Sitzordnung hat sich bewährt, weil ich dadurch sehr nah am Klienten beziehungsweise an den Klienten dran bin und auf diese Weise auch minimalste Reaktionen gut mitbekomme. Außerdem ist es so möglich, den einzelnen Klienten auch einmal kurz am Arm zu berühren. Das kann aus unterschiedlichsten Gründen sinnvoll sein, zum Beispiel wenn sein Redefluss sonst nicht zu stoppen ist oder wenn er anfängt zu weinen. Auf der anderen Seite kann der Klient in dieser Sitzordnung auch mal weggucken. Er hat aber nicht die Möglichkeit, eine große räumliche Distanz herzustellen und es sich weit weg vom Berater in seiner Komfortzone gemütlich zu machen.

Andere Sitzpositionen haben sich für uns ebenfalls NICHT bewährt. Da ist zum einen die „Verhörsitzordnung", bei der sich Berater und Klient frontal gegenüber sitzen. Coach und Klient haben in dieser Position wenig Möglichkeiten, auch mal wegzugucken, ohne ihren ganzen Körper wegdrehen zu müssen. Suboptimal ist es auch, wenn ein Tisch zwischen Coach und Klient steht. Der Abstand zwischen Beiden wird zu groß, was zur Folge hat, dass einige Reaktionen des Klienten nicht mehr gut wahrnehmbar sind (vor allem körperliche Bewegungen, die unter dem Tisch stattfinden). Auch in der klassischen psychoanalytischen Position „Klient liegt auf der Couch und Berater sitzt hinter ihm auf einem Stuhl" wird es ziemlich schwierig, provokativ zu werden, denn es gibt keine Möglichkeit zum Augenkontakt oder zu einer leichten Berührung. Das erschwert die Herstellung des Guten Drahtes und die nonverbale Vermittlung der wertschätzenden, liebevollen Grundhaltung.

Wie reagieren Sie als Berater auf emotionale Ausbrüche der Klienten?

Wenn Klienten anfangen zu weinen oder zu lachen oder sauer werden, nehmen Sie das ernst, lassen sich davon aber nicht zu sehr beeindrucken. Denn dann fällt Ihnen nichts mehr ein. Schon gar nichts Provokatives. Wenn ein Klient zum Beispiel weint, können Sie ihm einfach ein Taschentuch reichen. Dann entscheiden Sie, je nachdem, was das für ein Weinen ist, ob Sie sofort provokativ weitermachen oder erstmal nicht. Grundsätzlich gibt es kein Patentrezept außer der Taschentuchreichung im ersten Schritt. Was dann kommt, müssen Sie intuitiv entscheiden. Das gilt für alle Arten von Gefühlsausbrüchen.

Es gibt inzwischen sogar Berater, die in Hospizen provokativ arbeiten. Die Klienten genießen es in der Regel sehr, dass endlich mal jemand nicht wie ein Trauerkloß neben ihnen sitzt, sondern sie am Ende ihres Lebens nochmal zum Lachen über das Leben und den Tod bringt.

An dieser Stelle ist es wichtig, nochmal daran zu erinnern, dass wir uns nur humorvoll-provokativ über die Stolpersteine lustig machen, die sich die Klienten in den Weg legen (selbst auf dem Sterbebett). Wir persiflieren nicht alles, was sie bewegt. Wenn der Klient weint, weil er zum Beispiel um einen kürzlich gestorbenen geliebter Mensch trauert, ist das kein Feststecken in einer Sackgasse. Dann wird man nicht provokativ, sondern tröstet ihn. Wir nehmen alle Probleme ernst. Unsere Provokationen zielen darauf ab, die kontraproduktive Instrumentalisierung einer traumatischen Erfahrung zu entmachten. Wir begeistern uns dann beispielsweise dafür, wie erfolgreich diese traumatische Erfahrung in ferner Vergangenheit vom Klienten als Ausrede dafür benutzt wird, dass er dies und jenes heute nicht mehr machen kann. Immer sehr wohlwollend und liebevoll natürlich.

Dürfen Sie Klienten, die monologisieren, unterbrechen?

Ja. Dürfen Sie. Es passiert sogar sehr häufig, dass ich den Klienten in den Sitzungen ins Wort falle und sie unterbreche. Selbst diejenigen, die nicht ununterbrochen sprechen. Das ist Absicht. Das Ziel bei der provokativen Vorgehensweise ist es, den Klienten aus seinen verkopften Reportagen in die Gefühlsebene zu bekommen. Wenn ich den Klienten zu lange reden lasse, bleibt er im Kopf. Es sind keine emotionalen Ladungen mehr vorhanden. Indem ich ihn immer wieder unterbreche, überrasche ich ihn und zwinge ihn damit dazu, selbst zu sortieren und Stellung zu beziehen. Der Klient ist dabei ständig gefordert, seinen vorgefertigten unemotionalen Vortrag emotional zu relativieren. Sie unterbrechen den Klienten also am besten mit einer unerwarteten Äußerung. Schon Milton Erickson sagte: Der beste Indikator für Veränderung beim Klienten ist die Unvorhersagbarkeit des Therapeuten.

Wenn man die Klienten nach der Sitzung fragt, ob sie überhaupt gemerkt haben, dass sie immer wieder unterbrochen wurden, sagt die Mehrzahl von ihnen: „Nein. Das hab ich nicht so empfunden." Das liegt daran, dass ich den Klienten nicht mit irgendeinem eigenen Thema unterbreche, sondern als Berater ständig in der ‚mentalen Unterhose' der Klienten bin, das heißt, ich versuche so zu denken wie sie und diese Denke provokativ zu karikieren, an den Stellen, wo sie feststecken. Von außen (zum Beispiel im Plenum eines Seminars oder bei einem Vortrag) wirkt das immer anders als innerhalb des Zweiergesprächs. Das bestätigen mir die Klienten jedes Mal, wenn ich sie nach der Sitzung danach frage.

Natürlich heißt das nicht, dass Sie die Klienten nie zu Ende sprechen lassen dürfen. Erfragen Sie Dinge, die Sie wissen möchten oder die Sie noch nicht verstanden haben. Versuchen Sie nur, zu merken, wann der Klient in seine Kopfreportage verfällt. Dann haken Sie ein, gerne auch mitten im Satz, um den Klienten aus seiner Selbsthypnose zu werfen.

Anmerkung: Manche Klienten wollen mir vor der ersten Sitzung per E-Mail ganze Geschichten zu ihrem Problem schicken. Ich blocke das immer ab und sage ihnen, dass ich vorher am liebsten gar nichts wissen möchte beziehungsweise mir vorher gar keine Gedanken dazu machen will, um mich selbst davon abzuhalten, Hypothesen zu entwickeln, von denen ich im Prozess merke, dass sie vielleicht falsch waren. Lassen Sie sich im Moment des Gesprächs inspirieren. Dann haben Sie keinen Plan im Kopf, der eventuell in die falsche Richtung führt, und sind stattdessen die ganze Zeit voll und ganz beim Klienten.

Wissen Klienten nach einer Sitzung, was sie tun müssen?

Meistens können die Klienten nicht sofort in Worte fassen, was sie nach einer Sitzung tun werden. Sie sind in der Regel verwirrt. Und das ist gut, denn das zeigt, dass das festgefahrene System aufgeweicht wurde und durcheinander geraten ist.

Der Provokative Ansatz ist wie eine Depotpille. Die Stunden lösen sofort emotional etwas aus, die Verhaltensänderung erfolgt meist etwas später. Die Mehrzahl der Klienten schreiben mir nach einer Weile eine E-Mail (das kann nach einer Woche sein oder nach einem Jahr - ist alles schon vorgekommen mit jeglicher Abstufung dazwischen), in der sie berichten, dass die Sitzung stark nachgewirkt habe, und erzählen mir, was sich alles verändert hat.

Funktioniert Provokatives Arbeiten per (Video)Skype, Facetime oder Telefon?

Meine Erfahrung mit Skype, Facetime oder per Telefon und provokativem Arbeiten ist: Ja, das geht. Am besten funktioniert es, wenn Sie den Klienten vorher bereits einmal live gesehen und mit ihm gesprochen haben. Die zweite Sitzung geht dann bestens über ein anderes Medium. Videotelefonie funktioniert dabei noch etwas besser als das Telefon, weil Berater und Klient sich gegenseitig sehen können.

Für die erste Stunde rate ich, mit den Klienten live in einem Raum zu sitzen. Er hat dann die wertschätzende Grundhaltung bereits erlebt und kann meine „digitalen" Reaktionen am Telefon oder per Skype besser einordnen.

Kann man mit Kindern provokativ arbeiten?

Man kann sehr gut mit Kindern arbeiten, wenn es gelingt, in ihre Welt einzusteigen, an ihre Kräfte zu glauben und sich ganz auf ihre

Seite zu schlagen. Bei Vorschulkindern wird das eher nonverbal geschehen. Ab dem Schulalter kann man Kinder auch mit Worten packen.

Vor allem Kinder, die schon durch mehrere Therapien geschleift wurden, kann man provokativ sehr gut erreichen, weil sie inzwischen allergisch sind gegen moralische Appelle. Da lässt sich schnell ein guter Draht aufbauen, weil der provokative Berater nicht oberlehrerhaft den Zeigefinger hebt.

Kinder und ganz besonders Teenager reagieren auch sehr unverfälscht mit Widerstand, wenn man ihnen - als Advocatus Diaboli - teuflische Tipps gibt, wie sie ihr Problemverhalten ausbauen können, und die Nachteile nur im Nebensatz erwähnt. Sie fangen dann umgehend an, die Seite zu wechseln, setzen ihre Energien für sich statt gegen die mahnenden Erwachsenen ein und machen einem klar, wie blödsinnig und nachteilig die provokativen Ratschläge sind.

Genießen sie nun die ausführlichen Fallbeispiele. Die 10 beschriebenen Punkte (Herstellung des Guten Drahtes, Einstieg in das Weltbild, Aussprechen des Weltbildes, Persiflieren, Globalisieren, Advocatus Diaboli, Begeisterung für das Symptom, Bilder verwenden, Idiotische Ratschläge, Hypnotische Kommunikation) sind in allen Sitzungen mehr oder weniger stark enthalten.

Fallbeispiel 1 (Beraterin: C. Cordes): Meine Nachbarin ist ein Messi

Die Klientin ist Mitte 50, verheiratet. Sie hat erwachsene Kinder, stylt sich modisch und ist hübsch. Beruf: Psychologin.

Gleich zu Beginn rutscht die Klienten sofort mit dem Stuhl ein wenig von mir weg. Das ist keine Seltenheit. Klienten erscheint die Sitzordnung ungewohnt nah. Das ist schon die erste Möglichkeit, provokativ zu werden. In diesem Fall bin ich ihr lachend mit meinem Stuhl hinterher gerutscht und habe ihr Wegrutschen sofort thematisiert. Ich habe also unmittelbar das Offensichtliche angesprochen.

Beraterin (Ber): Wo wollen Sie denn hin?

Klientin (Kl): Das ist mir wirklich ein bisschen zu nah.

Ber rutscht lachend noch näher und fasst die Klienten auch noch am Arm an: Ja, stimmt. Ich bin unmöglich. Und jetzt fasse ich sie auch noch an. Ooops. Entschuldigung.

Kl lacht und die Situation entspannt sich sofort, weil ich das Thema Nähe humorvoll aufgegriffen und nicht höflich übersehen habe. Entspannt sie sich nicht, kann man als Berater mit dem Thema Berührung und Nähe provokativ weitermachen. Es kommt immer ganz darauf an, wie der Klient reagiert.

Ber: Was ist Ihr Problem?

Kl: Ich bin ja jetzt gerade für ein paar Monate ausgezogen, weil unser Haus renoviert wird, und wir wohnen jetzt in einer Drei-Zimmer-Wohnung, die uns sehr gut gefällt. Gegenüber ist eine Nachbarin…

Ber:...und die ist unerträglich.

Das schnelle Einhaken mit einer Unterstellung, ohne die Klientin zu lange monologisieren zu lassen, macht sehr oft Sinn. Auf diese Weise haben die Klienten keine Chance, vorgefertigte emotionslose

Reportagen vorzutragen, die sie oft schon sehr vielen Menschen erzählt haben. Sie sind dadurch unmittelbar gezwungen, Stellung zu beziehen.

Kl: Ja. Die gebärdet sich wie eine Krake. Die breitet sich aus. Direkt vor der Haustür hat sie einen Schrank mit ihren Schuhen. Im Treppenhaus sind die Kinderskischuhe. Im Eingang sind die Skateboards. Im Keller hat sie irgendwelche Fußballtore und Kisten...

Ber: Die braucht eben Platz.

Kl: Ich hab' überhaupt keinen Platz für meine Wäsche. Am Wochenende hat sie so ein Riesenteil, so ein Trampolin, aufgebaut.

Ich schlage mich fürs Erste auf die Seite der ‚unmöglichen' Nachbarin.

Ber: Sie verstehen das nicht. Die hat Kinder. Sie braucht Platz. Und jetzt kommen Sie da so als Eindringling für drei Monate. Das interessiert die überhaupt nicht.

Kl: Nee.

Ber: Und das ist auch das gute Recht der Frau. Das ist ihr Revier. Die markiert. Wie ein Kater, der überall in die Ecke pinkelt.

Kl *(lacht)*: So in der Art. Ja.

Ber: Die macht klar: ‚Nistet Euch hier bloß nicht zu sehr ein!'

Kl: Genau. Und jetzt hab ich so einen dicken Hals auf die und weiß nicht, ob sich das rentiert, da was zu sagen.

Ber: Auf keinen Fall. Sie sollten sich so richtig drei Monate lang über diese blöde Sau ärgern. Im Stillen. Bis Sie grün sind.

Ich wechsle die Fronten und werde drastisch, sage nicht ‚Blöde Frau', sondern ‚Blöde Sau!'. Immer mit dem Ziel, dass die Klientin anfängt zu relativieren.

Kl lacht.

Ich mache weiter Behauptungen, indem ich versuche, die Gedanken ans Licht zu zerren, die meine Klientin über diese Frau schon hat bzw. gehabt hat und übertreibe diese noch.

Ber: Die mit ihren Bälgern. Die ist wahrscheinlich auch noch Hartz-IV-Empfängerin und lässt ihren Müll überall rumliegen.

Kl *(lachend)*: Die ist eigentlich ganz sympathisch.

Und schon ist es passiert. Die Klientin hat zum ersten Mal etwas Nettes über ihre Nachbarin gesagt. Wahrscheinlich zum ersten Mal seit langer Zeit. Dank der übertriebenen negativen Pauschalaussagen, die ich über die Nachbarin gemacht habe, ist der Klientin klar geworden, dass die Nachbarin zwar in ihren Augen ein ‚Messi', aber doch ganz sympathisch ist. Wenn ich der Klientin versucht hätte, ernsthaft klarzumachen, dass die Nachbarin doch bestimmt nette Seiten hat, wäre die Klientin vermutlich immer mehr in Abwehrhaltung gegangen und hätte nach weiteren Argumenten gesucht, um mir noch deutlicher zu machen, wie unmöglich diese Frau ist.

Ber: Wie? Sympathisch? Die ist ein Messi hoch zehn.

Kl *(schmunzelnd)*: Irgendwie schon.

Ber: Ja, genau. Und die passt natürlich auch nicht zu Ihrem ordentlichen, strukturierten Leben.

Kl: Neeee. Das stört mich. Und wenn dann Besuch kommt und dieser grässliche Schrank da steht. Da genier' ich mich. Und im Garten dieses Trampolin-Monster und auf der anderen Seite Fußballtore... Die belegt alles!

Jetzt komme ich mit idiotischen Lösungen.

Ber: Sie empfangen einfach in diesen drei Monaten keinen Besuch mehr und machen wenigstens in Ihrer Wohnung alles clean. Sie müssen dann nur immer über alles drüber klettern, bis Sie in Ihrer Wohnung sind. Das dauert dann drei Stunden. Über den Schrank, die Schuhe, usw. Und dann kommen Sie in Ihre Wohnung, und da ist dann die Oase. Sie machen sich dann Meditationsmusik an und machen die Tür zu. Sie können ja noch eine Schallschutztür einbauen, dass Sie den Messi auch nicht mehr hören. Die ist bestimmt auch furchtbar laut.

Kl: Ich glaube, einfacher wäre, ihr mal Bescheid zu sagen.

Ber: Ach, Sie haben vorsichtshalber noch gar nicht mit ihr geredet.

Kl: Ich hab's ihr bis jetzt noch nicht gesagt.

Ber: Das würde ich auch nicht tun. Die ist bestimmt gefährlich. Die würde Sie sofort niederschlagen. Sie ist wahrscheinlich auch groß und breit und dick...

Kl *(lachend)*: Neee, ist sie nicht.

Ber: Die ist schmal und dünn?

Kl *(lachend)*: Mhm…

Ich bin die ganze Zeit voll bei der Klientin, hangele mich von Satz zu Satz und reagiere darauf, spiele damit.

Ber: Das sind die Schlimmsten. Die kann wahrscheinlich Karate oder so. Wenn Sie der irgendwas sagen, dann macht die sofort ‚Aaaah… uuuuu... aaaaaah!!!!' *(Ich mache dabei Karatebewegungen)*. Machen Sie das nicht. Ärgern Sie sich lieber drei Monate so richtig, Tag und Nacht, bis der Groll Ihnen zu den Ohren rauskommt, und Sie nur noch verbittert gucken, wenn Sie da durchlaufen.

Kl überlegt: Ja, irgendwie fress' ich das jetzt schon in mich rein.

Ich gebe der Klientin mehr Recht, als ihr lieb ist.

Ber: Das ist auch besser so, weil, wer weiß, was die macht, wenn Sie das ansprechen.

Kl: Mhm…

Die Klientin grübelt definitiv gerade und sortiert innerlich.

Ich spreche wieder etwas an, von dem ich denke, dass die Klientin das schon mal gedacht hat. Ihr Helfersyndrom. Ich gehe einfach davon aus, dass sie eins hat, weil sie Psychologin ist. Das ist in diesem Berufsbereich sehr verbreitet.

Ber: Vielleicht mag die Nachbarin Sie dann auch nicht mehr, wenn Sie das ansprechen.

Kl: Mhm... Das ist, glaube ich, das Problem.

Treffer. Ich gieße weiter Öl ins Feuer.

Ber: Die sind so. Solche! Ich finde es toll, wie die das macht. Die weiß genau, dass ihre neue Nachbarin, nämlich Sie, ein Helfersyndrom hat.

Kl lacht.

Ber: Die denkt bestimmt, ‚Bei der Frau Müller, da kann ich das machen, weil die sagt eh' nix.' Ich sage Ihnen, die spielt damit. Die reizt das aus. Die denkt: ‚Wie viel kann ich hinstellen bis die Frau Müller platzt. Hähähähä.'

Ich spiele dabei die Frau, wie ich sie mir vorstelle, schlüpfe richtig in die Figur. Solche vorgespielten Szenen bleiben oft eher hängen, als wenn man nur darüber spricht.

Kl: Ich glaube, die merkt das gar nicht.

Ber: Die ist so bei sich.

Kl *(lachend)*: Mhmmm

Ber: Das denken Sie. Das ist auch Taktik.

Kl: Die meint, sie kann sich da ausbreiten, wie sie will und keiner sagt was.

Ber: Das ist ja auch ihr Haus. Die ist da auch schon länger als Sie.

Kl: Mhm...

Ber: Und Sie sind da nur ein Eindringling. Eine Made, die sich da mal drei Monate reinschlängelt und gleich wieder weg ist.

Kl: Die nimmt mich nicht ernst.

Ber: Der sind Sie so was von wurscht.

Kl: Mhm. Das stimmt.

Ber: Warum sollte die irgendwas ändern, wenn Sie eh‘ wieder weg sind? Außerdem hat die Kinder und Sie nicht. Die Kinder sind Stress und Chaos.

Kl: Ja, das denkt die.

Ber: Genau. Das denkt die.

Kl: Und ich muss ihr jetzt irgendwie Bescheid sagen…

Pause

Wir sind wieder beim Thema, das Sie anscheinend am meisten bewegt: Sie traut sich nicht, einfach mit der Frau zu sprechen. Ich rate ihr vehement davon ab.

Ber: Nee, das schaffen Sie eh nicht... weil, wenn Sie das machen würden, wissen Sie ja nicht, was kommt. Diese kleinen, dünnen, drahtigen Frauen, die so bei sich sind, die sind gefährlich.

Kl: Naja, die ist dann sauer...

Ber: Ja, eben. Und wenn die sauer ist, dann müssen Sie drei Monate damit leben, dass die sauer auf Sie ist, und die wird Sie dann verfolgen. Das Haus von Ihnen, das gerade renoviert wird, ist das weit weg?

Kl *(lacht laut)*: So drei Kilometer.

Ich werde wieder total idiotisch.

Ber: Oh, das ist nah. Die kommt dann. Ihre ganzen Sachen wachsen dann immer weiter zu Ihrem Haus hin. Immer näher. Noch nach den drei Monaten. Sie können jeden Morgen rauskommen und gucken, wie es Meter für Meter näher rückt, die Wand aus Trampolinen und Schränken und Schuhen. Die wird Sie immer verfolgen. Sie sind dann so traumatisiert, nach diesen drei Monaten, durch den Ärger, den Sie nicht rausgelassen haben…

Kl *(sortiert ihre Gefühle und Gedanken)*: Ich ärgere mich höchstens darüber, dass ich... wie soll ich das sagen... Hmmm... es könnte sein, wenn ich der das sage, dass ich dann mit deren Ärger konfrontiert bin und dass ich mich dann ärgere, dass ich überhaupt über diesen Käse mit der geredet habe und da nicht drüber stand... Oder irgendwie so was.

Ber: Sie ärgern sich, dass Sie sich ärgern, dass Sie nicht sagen, dass Sie sich ärgern.

Kl: Mhm...

Ber: Ich finde das toll, wie Sie das machen.

Kl lacht.

Ber: Das hat Ihnen Gott geschickt, diese drei Monate, dass Sie sich endlich mal ein bisschen mehr ärgern können in Ihrem sonst so ärgerfreien, entspannten, perfekten, sauberen, ordentlichen Leben.

Kl: Ja.

Ber: Ja. Das war der Kosmos. Der hat gesagt: ‚So. Ich setz' die Frau Müller jetzt in so eine Wohnung rein.'

Kl: Und da kommt jetzt die Prüfung.

Ber: Und da kommt jetzt die Prüfung.

Kl: Mhm.

Ber: ‚Und danach ist sie für immer traumatisiert. Hähähähä!' Der Kosmos ist manchmal sehr lustig, was der so macht.

Kl: Mhm.

Ber: Sie müssen sich auch danach noch weiter ärgern, dass Sie nichts gesagt haben, auch wenn Sie wieder in Ihrem Haus sind.

Kl: Das könnte auch sein. Ich kann's eigentlich gar nicht richtig machen.

Ber: Nee, also ärgern Sie sich ruhig weiter...

Kl: Mhm.

Ber: Und wirklich. Ich würde da auf keinen Fall was ansprechen. Die ist tief verletzt, wenn Sie in ihre Privatsphäre eindringen, wo sie sich sonst auch immer schon ausgebreitet hat. Wohnen da noch mehr Menschen in dem Haus?

Kl: Da wohnen vier Parteien, also außer ihr und uns noch zwei.

Ber: Und die ärgern sich auch. Oder ist denen das egal?

Kl: Ich hab' den Eindruck, das ist denen wurscht. Die haben sich da so drauf eingerichtet, oder die sehen das einfach schon nicht mehr.

Ber: Aber jetzt kommen Sie als Blockwart und müssen das jetzt mal säubern.

Kl *(lacht)*: Genau so komm ich mir vor.

Ber: Frau Müller, der Blockwart macht hier mal klar Schiff und sauber.

Kl: So komm ich mir vor.

Ber: Ich hatte mal so eine in einer Mietwohnung in einem Haus. Die war unglaublich. Die war genau so. Wenn da eine Sache mal fünf Minuten vor der Tür stand, weil jemand umgezogen ist, war die da mit einer Beschwerde. Ich finde, das sollten Sie auch machen. Erst alles säubern, desinfizieren und dann, wenn die irgendwo noch irgendwas rumliegen lässt... Legen Sie sich Tag und Nacht auf die Lauer, nur um zu gucken, ob sie wieder irgendwas irgendwo hinstellt.

Es ist vollkommen o.k., Geschichten aus dem eigenen Leben zu erzählen. Es ist sogar erwünscht, wenn Sie provokativ arbeiten. Sie dürfen wieder Mensch sein und keine Beratermaschine, die bloß nichts Privates rauslässt. Wenn es passt, erzählen Sie es. Das bleibt hängen. Klienten fühlen sich verstanden. Das stärkt den Guten Draht.

Kl: Ja, mir fallen auch ständig Sachen auf, die die macht.

Es folgt wieder eine idiotische Lösung.

Ber: Natürlich. Sie könnten sich drei Monate beurlauben lassen und sich auf die Lauer legen. Ich sehe Sie vor mir, wie Sie in einer dunklen Ecke im Keller unter der Treppe sitzen, wie eine Katze oder ein Panther. Und immer, wenn die kommt und ihr was runterfällt, dann springen Sie raus und sagen: ‚Mooooment! Das Papier heben Sie jetzt sofort wieder auf!‘

Kl lacht.

Ber: Und Sie müssen sich verkleiden, weil die darf ja nicht wissen, dass Sie das sind. Sie können ihr das ja nicht sagen. Pantherkostüme gibt es bestimmt zu kaufen, mit Masken im Gesicht.

Kl lacht.

Ber: Ihren Mann stört das nicht?

Hier kommt das Beziehungssystem ins Spiel. Der Partner, die Kinder, usw. Das hilft, das eigene Verhalten in Bezug zu den anderen zu setzen und es zu relativieren.

Kl: Nee, der sagt, dass ich mich nicht so aufregen soll wegen der drei Monate. Der findet es nicht o.k., aber er meint, das sei den Aufwand nicht wert. Der steht drüber und ich reg‘ mich auf.

Ber: Der hat keine Ahnung, wie hart das Leben manchmal ist. Der kann sich überhaupt nicht einfühlen in Ihre Probleme. Mit Ihrem Ärger dieser Frau gegenüber.

Kl: Pffff... Doch, irgendwie schon. Ich meine, er hat ja Recht, dass man da vielleicht drüber stehen müsste.

Ber: Neee, das geht nicht.

Kl lacht.

Ber: Sie müssen sich einfach weiter ärgern. Drei Monate ist nicht so lang. Dann sehen Sie halt nach drei Monaten fünf Jahre älter aus, aber das macht nichts.

Kl: Das wäre natürlich nicht so gut.

Ber: Egal. Sie sehen eh‘ so jung aus. Dann sehen Sie wenigstens mal so alt aus, wie Sie sind.

Kl lacht.

Ber: Das ist die Botschaft vom Kosmos. ‚Sieh doch endlich mal so alt aus, wie du wirklich bist. Ich schick‘ dir ein bisschen Ärger.‘

Kl: Ja, den Eindruck hab ich schon. Hm... Ich bin hin und hergerissen.

Ber: Ja, aber es kommt auf keinen Fall in Frage, dass Sie was sagen. Das passt nicht zu Ihnen. Das geht nicht.

Kl: In Erwägung zieh ich es ja schon…

Jetzt nicht aufhören! Wenn Sie als Berater merken, dass der Klient voll dabei ist, machen Sie weiter. Auch wenn Sie eine Weile bei derselben Idee bleiben. Provokative Neulinge denken oft: Der Klient hat reagiert, dann kann ich ja aufhören oder was anderes machen. Nein. Melken Sie die Kuh, solange Milch kommt. Das festigt den Widerstand gegen die Selbstschädigung.

Ber: Neee, neee, das dürfen Sie nicht machen, weil, wer weiß, was diese komischen Messi-Tussis dann so alles aus der Schublade ziehen.

Kl: Was die so alles machen...

Ber: Das wird SOOOO gefährlich. Dann können Sie gar nicht mehr nach Hause kommen. Die steht dann immer mit dem Maschinengewehr hinter der Tür: ‚WO IST DIE FRAU MÜLLER, DIE DAS GESAGT HAT. PENG. PENG. PENG. PSCHSCHKRRRR!‘ Und in der Bildzeitung steht am nächsten Tag: Frustrierte Messi-Frau erschießt Perfektionistin.

Kl: Mhm.

Ber: Wie viele Kinder hat die denn? Zehn? Von zehn Männern?

Kl: Zwei.

Ber: Die sind auch laut und nervig wahrscheinlich, oder?

Kl: Ich hab mit denen gar nix zu tun. Ich hab die nur 2-3x im Treppenhaus gesehen. Oder draußen sehe ich sie manchmal, aber irgendwie nur von Weitem. Meine Tochter meint, die seien ganz sympathisch, aber frech.

Ber: Ja, eben. Das passt doch zu dieser unsäglichen Mutter. Die haben kein Benehmen, keine Grenzen.

Kl: Ja. Gedacht hab ich das schon auch mal *(lacht)*.

Ber: Da müssen Sie wirklich mal durchgreifen. Das ist Ihre Pflicht, wenn Sie da mal drei Monate sind, dass Sie die heilen von ihrem Messi-Wahn und diese Kinder auch erziehen. Sie sind schließlich vom Fach.

Die Klientin ist Psychologin, und es liegt nahe, dass sie sich Vorwürfe macht, weil sie als Expertin diese Situation nicht meistert.

Kl: Einen Missionarsdrang hab' ich nicht unbedingt.

Ber: Wie? Den sollten Sie aber mal entwickeln.

Kl: Nein. Da bin ich dabei, den abzubauen *(lacht)*.

Ber: Tja. Dann gibt es keine Lösung. Dann müssen Sie im Chaos versinken, die nächsten drei Monate, und im Ärger.

Kl: Ich seh' schon...

Ber: Und dann diese Rotzgören. Ich sehe es so vor mir. Die pieseln dann wahrscheinlich in die Ecke. Sind sicher zwei kleine Jungs. Dann stinkt's auch noch.

Kl *(lacht)*: Ein Junge und ein Mädchen.

Ber: Ein Junge und ein Mädchen... die machen nicht dieses Spiel: ‚Guck mal, mein Piesi-Strahl ist länger und dicker. Ich piesel in die Ecke und du in die andere Ecke.'

Kl: Das machen sie nicht.

Ber: So viel Benehmen haben die noch. Die pinkeln nur in den Garten.

Kl: Aber wer weiß, ob die Mutter im Treppenhaus Einhalt gebieten würde.

Ber: Riecht es denn schon streng aus dem Treppenhaus?

Kl: Nee, riechen tut es nicht, aber ich hab natürlich als erstes mal geputzt *(lacht)*. Und die putzt natürlich auch das Treppenhaus nicht.

Ber: Natürlich nicht. Sie hat ja Sie.

Kl: Da sind die Spinnweben und alles. Das hab' ich erstmal weggemacht und hab' gedacht, vielleicht macht die mal was, aber das macht sie natürlich nicht *(lacht wieder)*.

Ber: Die freut sich, dass sie jetzt drei Monate eine Putzfrau für's Treppenhaus hat.

Kl *(lachend)*: Den Eindruck hab ich auch. Ja, ja...

Ber: Die ist total happy. Die schenkt Ihnen irgendwann noch Blumen, damit Sie länger bleiben. Die stellt Sie ein, als Putzfrau.

Kl: Mhm. So in der Richtung.

Ber: ‚Ich zahle mehr als Ihr Arbeitgeber... Putzen Sie das Treppenhaus.'

Kl *(nachdenklich und schmunzelnd)*: Sie hat jetzt mich.

Ber: Eben. Sie können Sie ja fragen, ob Sie ihre Wohnung auch putzen dürfen. Da sieht es sicher noch schlimmer aus.

Kl *(laut lachend)*: Das wäre vielleicht eine Idee...

Ber: Wenn das Treppenhaus schon so aussieht, dann sieht die Wohnung wahrscheinlich... Uuuuh. Waren Sie da mal drin?

Kl: Nee.

Ber: Da kommt doch wahrscheinlich so ein strenger Geruch raus.

Kl: Ich sehe nur ihren Balkon, und da sieht es schon auch so aus.

Ber: Das ist bei Messis so. Die können nicht anders. Die brauchen immer jemanden wie Sie, der sich ärgert und der dann putzt. Nicht wie Ihr Mann, der dann sagt, dass Sie sich nicht aufregen und da drüber stehen sollen. Das kommt für Sie nicht in Frage. Sie müssen sich da drüber aufregen. Sind ja nur noch neunzig Tage.

Kl *(kichert)*: Die Frage ist, ob ich das abstellen kann, diese Aufregung da drüber.

Ber: Niemals.

Die Klientin ist nach der Demo viel gelöster als vorher. Ich habe sie auch noch mehrfach danach getroffen, und dieses Thema war kein Thema mehr. Sie hatte sich nachhaltig entspannt und die drei Messi-Monate gut überstanden.

Diese Rückmeldung kam per E-Mail auf meine Anfrage hin, ob ich die Geschichte dieser Klientin ins Buch aufnehmen darf: „Was Ihr Buch betrifft, freue ich mich, verewigt zu werden. Ich habe die Bilder, die Sie erzeugt haben, immer wieder vor Augen gehabt, wenn ich der Nachbarin begegnet bin, so dass ich besser Abstand halten konnte.“

Fallbeispiel 2 (Beraterin: C. Cordes): Mein Klient hebelt mich aus

Der Klient ist um die 60, Coach, und ein sehr freundlicher angenehmer Mensch.

Ber *(lacht, weil Klient komisch guckt beim Hinsetzen)*... Oh Gott... was ist das Problem?

Ich nehme das Offensichtliche auf und spreche es an.

Kl: Also, ich habe einen Klienten, bei dem ich ratlos bin. Der ist nicht über den üblichen Weg gekommen, sondern er ist ein Sohn von Leuten, die ich kenne. Der ist 30 und hat noch nie was auf die Reihe gekriegt. Er hatte mehrere Studiumsansätze, die er alle in den Sand gesetzt hat.

Ber: Und warum schicken sie den zu Ihnen?

Kl: Weil die gedacht haben, dass nix geholfen hat und mir vielleicht noch was einfällt.

Ber: Sie sind die letzte Hoffnung dieser Probleme dieses Kerls.

Kl: Ja, und...

Ber: ...Sie versagen.

Kl: Ich versage wahrscheinlich. Er hat jetzt ein paar Sachen geschafft. Er hat eine Praktikumsstelle gefunden. Das Problem ist, dass, sobald irgendwas wieder ins Laufen kommt, dann lässt er nach und macht nichts mehr.

Ber: Und dann kommt er wieder zu Ihnen.

Kl: Ja. Und jetzt ist meine Überlegung: Was mach‘ ich mit dem? Ich habe gedacht, dass ich vielleicht eine Idee hier kriege.

Ber: Sie müssen sich noch mehr anstrengen. Sie müssen ihm auflauern, überall, wo er eventuell irgendwas abbrechen könnte. Da gehen Sie hin und sagen ihm: ‚Nein!' Wie so ein kleiner Teufel.

Kl: Mhm.

Ber: Das ist jetzt Ihre Aufgabe. Wenn Sie versagen, dann sind Sie ein wahnsinnig schlechter Therapeut.

Kl: Ja. So schlecht wie seine Eltern.

Ber: Eben. Genau. Und jetzt haben DIE Sie auch noch beauftragt. Wenn Sie jetzt verkacken, haben Sie diese Freunde auch noch verloren.

Kl: Die Freunde verloren, und dann bringt er sich um.

Ber: Und alles ist Ihre Schuld.

Kl: Ja. Meine Schuld.

Ber: Die müssen Sie dann tragen, diese schwere Bürde Ihres Lebens, dass dieser Kerl das nicht auf die Reihe kriegt.

Ich spreche lauter Gedanken laut aus, von denen ich glaube, dass sie der Klient auch schon gehabt hat.

Kl: Ja.

Ber: Wie gut kennen Sie die Eltern?

Kl: Nicht sehr gut. Freunde von Freunden.

Ber: Die können Ihnen also eigentlich wurscht sein.

Pause.

Kl: Die können mir egal sein.

Ber: Sind sie aber nicht, weil...

Kl: ...ich den Ehrgeiz habe...

Ber: ...sollten Sie auch...

Kl: ...das, was alle nicht geschafft haben, würde ich schaffen.

Ber: Sie sind der, der ihn aus der Gosse rettet.

Kl: Ja.

Ber: Und ihm das Leben versüsst für immer. Und wenn Sie es nicht schaffen, dann geht die Welt unter.

Kl: Wahrscheinlich nicht die ganze Welt. Aber zumindest kann ich mir ernsthaft vorstellen, dass er in eine Selbstmordgeschichte reinläuft. Und damit würde ich jetzt ungern leben.

Ber *(kurz ernsthaft und nicht provokativ)*: Sie wissen, wenn er das wirklich androht, müssen Sie ihn einweisen.

Kl: Das weiß ich.

Ber *(wird wieder provokativ)*: Hat er aber noch nicht gemacht.

Kl: Neee. So weit sind wir noch nicht.

Ber: NOCH nicht.

Beide lachen.

Ber: Den Trumpf hat er noch im Ärmel. Dann kommt er eines Tages und sagt: ‚Jetzt, jetzt, kann ich meinen Coach richtig rausbringen.‘

Kl: Ja.

Ber: ‚Jetzt droh‘ ich mit Selbstmord.‘

Kl: Und er ist auch gewohnt, dass ein Elternteil einspringt, wenn etwas nicht klappt. Die machen dann irgendwas, dass das wieder weitergeht.

Ber: Natürlich. Der macht das super.

Kl: Und er ist soweit, mich in diese Rolle zu bringen.

Ber *(bewundernd)*: Der ist gut, der Typ. Warum sollte der sich ändern? Der hat jetzt Sie und Ihr Schuldgefühl. Warum sollte der irgendwas ändern? Das wäre viel zu gefährlich.

Kl: Ja.

Ber: Sie versagen auch.

Kl: Wie seine Eltern.

Ber: Wie seine Eltern.

Kl: Ich bin nicht besser.

Ber: Selbst Sie als etablierter Therapeut werden ihn nicht knacken. Dann können Sie sich umbringen danach.

Kl *(lacht laut)*: Das wäre eine Überlegung *(lacht wieder)*. Jedenfalls soll der meinen Ehrgeiz brechen.

Ber: Dann können Sie sich einen anderen Job suchen. Es gibt so Kloputzerjobs oder so. Da hat man nicht so eine Verantwortung.

Kl: Im Klo bringen sich wenig Leute um *(schmunzelt)*.

Ber: Und Sie haben nicht so viel Druck... Also, äh...

Kl: Aber das wäre jetzt nicht die allerbeste Alternative.

Ber: Naja, aber wenn Sie es da verkacken, dann ist es ja vorbei.

Kl: Dann ist es vorbei... Mhm...

Ber: Dann wird der Druck ja immer größer. Sie versagen bei diesem Klienten. Und beim nächsten machen Sie sich noch mehr Druck, weil da muss es ja dann wieder klappen und dann versagen Sie wieder und wieder und wieder und wieder… Dann haben Sie irgendwann einen Ruf.

Wohnen Sie in einer Kleinstadt?

Kl: Nö.

Ber: In einer größeren Stadt. Da gehen dann immer mehr Rollos runter, auf denen steht ‚Herr XY hat schon wieder versagt!' ‚Der kann's nicht mehr!' ‚Der hat den Saft verloren!' ‚Der hat es nicht mal bei dem geschafft!'

Wie alt sind Sie?

Kl: 66.

Ber: Dann können Sie ja in Rente gehen. Ist ja dann eigentlich wurscht.

Kl: Naja, es macht mir im Prinzip ja Spaß... mit den anderen...aber der eine...

Ber: ‚Er ging als Versager in Rente!' Beim letzten Klienten hat er es nicht mehr geschafft.

Kl *(lacht laut auf)*: ‚Er hat zu spät aufgehört.'

Ber: Ja. ‚Er war zu alt.' ‚Es war zu spät.' Sie hätten mit 65 aufhören sollen, dann hätten Sie das Problem mit diesem Kerl jetzt nicht.

Kl: Stimmt. Aber man kann die Zeit nicht zurückdrehen.

Ber: Scheiße. Jetzt haben Sie den an der Backe.

Kl: Mhm.

Ber: Sie müssen sich einfach noch mehr anstrengen. Sie müssen so lange mit dem einen Klienten arbeiten, bis Sie wohlgemut und froh in Rente gehen können.

Kl: Es könnte ja was schief gehen.

Ber: Ja. Deswegen. Bemühen Sie sich. Der ist ja erst 30. Sie können den ja therapieren, bis Sie 90 sind. Dann kriechen Sie ihm hinterher und sagen ‚Bitte, bitte, Du kannst diesen Praktikumsplatz noch halten'.

Kl: Mhm. O.k. Das Hinterherkriechen ist vielleicht nicht die einzige und beste Lösung.

Ber: Aber anders schaffen Sie es ja nicht. Sie kommen ja anders nicht an den ran. Der ist zu gut. Der schafft es, Sie zu gut auzuhebeln.

Kl: Raffiniert.

Ber: Genau. Und Sie sind zu schlecht. Sie kriegen es nicht hin, den zu knacken.

Kl: Mhm. Also einfach aufgeben.

Ber: Nein. Weitermachen, bis Sie in die Grube fahren. Vielleicht schaffen Sie es bis dahin. Vielleicht fahren Sie so schneller in die Grube, wenn Sie den jetzt noch bearbeiten.

Kl: Das passt aber dann nicht dazu, dass ich gerne Spass habe.

Ber: Scheiß drauf. Sie haben den jetzt an der Backe. Sie werden den auch nie mehr los. Sie können nicht sagen ‚Nö, ich scheitere bei dir!' Das würde nicht in Ihr Selbstbild passen. Das kriegen Sie nicht hin.

Kl: Ja.

Ber: Dann sagen Sie den Freunden von Freunden von Freunden… 'Sagt denen, dass ich deren Sohn nicht knacken kann.' Der ist zu gut für mich. Der hebelt mich aus. Ich bin da zu schlecht. Ich bin zu alt. Ich kriege das nicht mehr hin mit 66. Den hättet ihr mir schicken sollen, als er 10 war. Jetzt ist zu spät. Mein Saft ist jetzt weg.'

Pause.

Kl: Und dann wär's erledigt.

Ber: Dann wärs erledigt. Dann werden Sie depressiv, weil Sie versagt haben. Total versagt. Aber so was von versagt.

Kl: Ja.

Ber: Oder verlieren Sie ständig Klienten?

Kl: Nee.

Ber: Das ist der Erste?

Kl: Das wäre der Erste.

Ber: Mist.

Kl: Das macht keinen Spass.

Ber: Und das auch noch mit 66. Kurz vor der Pensionierung. Was ist denn das für ein Abgang? Wirklich. Haben Sie eine eigene Praxis?

Kl: Eine Coachingpraxis.

Ber: Jetzt kommt dieser gestörte Kerl und bringt Ihr ganzes Weltbild durcheinander.

Kl: Ja, das ist nervig.

Ber *(begeistert)*: Ich finde, der ist hochintelligent, wie der das macht. Der macht das wahrscheinlich mit allen so. Nicht nur mit Ihnen.

Kl: Ja.

Ber: Aber Sie sind der, der ihn retten muss. Sie sind Jesus.

Kl: Mhm.

Ber: Sie wollen ihn mit einem Heiligenschein da rausholen.

Kl: Was keiner schafft.

Ber *(mit Nachdruck)*: Und Sie können es!

Kl: Mhm.

Ber: Und jetzt versagen auch Sie.

Kl: Jetzt merk' ich, dass ich es doch nicht schaffe.

Ber: Das überfordert Sie. Der hat so schwerwiegende Probleme. Und Sie sind so alt, dass Sie da nicht mehr einsteigen können.

Stille.

Kl: Ja. Jedenfalls funktioniert es nicht. Ich krieg ihn nicht dazu, dass er aktiv wird.

Ber: Sie probieren es nicht hart genug. Sie müssen noch mehr probieren, dass Sie ihn wirklich dazu bringen. Heften Sie sich 24 Stunden am Tag an seine Fersen. Die nächsten 20 Jahre. Irgendwann wird er sich vielleicht ein bisschen ändern.

Kl: Mhm.

Ber: Sie geben viel zu schnell auf. Sie sind nicht ehrgeizig genug. Sie können doch bei so einem Klienten nicht einfach aufgeben.

Kl: Obwohl das vielleicht eine Idee wäre.

Ber: Vergessen Sie es. Dann kriegen Sie eine Depression und die ganze Rente ist im Arsch, weil Sie die nächsten 30 Jahre nur noch darüber nachdenken, was Sie bei dem falsch gemacht haben.

Kl: Ja.

Ber: Auch wenn Sie sonst ein göttlicher Coach sind. Wenn Sie bei dem versagen, ist alles vorbei... Alles... Dann kommt das Jammertal. Die dunkle Welt.

Kl: Ja. Den Misserfolg möchte ich nicht haben.

Ber: Genau.

Kl: Damit ködert der mich.

Ber: Ich sag ja, der ist gut. Sehr clever. Der hält Sie in Bewegung. Sonst wäre es ja auch ein bisschen langweilig.

Kl *(schmunzelnd)*: Mhm

Ber: Sonst wäre die Rente ohne Action. Wenn Sie jetzt diesen Typen aufgeben, dann haben Sie kein Adrenalin mehr, was Sie verschütten könnten in der Rente.

Kl: Vielleicht.

Ber: Sie haben ja wahrscheinlich sonst ein so ödes Leben. Jetzt kommt dieser Kerl von Gott nach unten auf die Erde gesandt, um Sie in Aufregung zu bringen. Ist das nicht toll?

Kl: Ich müsste dem dankbar sein?

Ber: Ja. Sie sollten vor ihm auf die Knie fallen und sagen: ‚Danke, dass du meine Rente mit so viel Action-Gefühl versorgst. Das Gefühl ist zwar scheiße, aber es ist ein Gefühl. Yes!'

Kl: Dann fühl ich wieder was.

Ber: Endlich fühlen Sie wieder was. Sonst wären Sie einsam, alleine. Ein Ex-Coach in Rente in irgendeiner mittelgroßen Stadt.

Pause.

Kl: O.k.

Ber: Ich finde, Sie sollten nächstes Mal hingehen und sagen: ‚Vielen Dank, dass du mir so viele Gefühle gibst in meinem tristen Leben.'

Kl: Das wird ihn begeistern. Mhm.

Ber: Sagen Sie ihm ‚Machen Sie weiter! Sonst habe ich nichts mehr, worüber ich mich aufregen kann.' Haben Sie einen Partner? Eine Partnerin?

Kl: Ja. Meine Frau.

Ber: Nervt die das?

Kl *(lacht):* Über sie bin ich an den gekommen.

Ber: Um Gottes Willen. Ihre Frau hat Ihnen diesen Typen ins Haus gebracht?

Kl: So könnte man das sagen

Ber: Ach du Scheiße. Vielleicht sollten Sie die auch entsorgen.

Kl *(lacht laut)*: Als Strafe.

Ber: Die ist schuld, dass Sie in der Pensionierung depressiv werden.

Kl: Genau.

Ber: Jetzt haben wir es doch.

Kl: Beide entsorgen. Und das Leben ist wieder o.k.

Pause.
Beide lachen.

Kl: Da muss ich erstmal mit dem 30-Jährigen anfangen. Mal schauen, was dann kommt.

Ber: Wie lange sind Sie mit Ihrer Frau schon zusammen?

Kl: Zwei Jahre.

Ber: Zwei Jahre erst... Naja, dann ist es nicht so schlimm. Man sagt doch immer, dass der Trennungsschmerz immer halb so lang dauert wie man mit jemandem zusammen war. Wenn Sie die jetzt entsorgen, dann haben Sie ein Jahr Trauer und dann können Sie ein völlig neues Leben beginnen. Haben Sie Kinder?

Kl: Ja.

Ber: Aber die sind wahrscheinlich schon irgendwo...

Kl nickt.

Ber: Die sind Sie eh schon los.

Kl: Genau.

Ber: Sie entsorgen einfach alle, die Sie irgendwie herausfordern und die Sie an Ihre Grenzen bringen.

Kl: Dann kann mich keiner mehr ärgern.

Ber: Dann kann Sie keiner mehr ärgern. Sie ziehen alleine in den Wald irgendwo, freuen sich an den Rehlein, die da draußen 'rumspringen.

Kl: Als einsamer Wolf.

Ber: Ja, genau. Und dann gibt es keine Probleme mehr im Leben mit irgendwelchen komischen Klienten, die Sie an Ihre Grenzen bringen. So wie dieser Typ da.

Kl: Mhm.

Ber: Der kommt Ihnen wahrscheinlich hinterher. Der sitzt dann im Wald und schreit, ... Waaaaahhhh...!'

Beide lachen.

Ber: Und sagt ‚Hilf mir, hilf mir!!!'

Kl: Also erstmal könnt' ich den ja entsorgen. Ich muss nur schauen, wie es mir dann geht.

Ber: Das schaffen Sie nicht.

Kl: Ich könnte ja die allerletzten Kräfte zusammentun und schauen, ob ich ihn los werde.

Ber: Aber dann haben Sie versagt.

Kl: Dann hab ich versagt.

Ber: Herr XY, der Versager.

Kl: Nee. Glaub ich nicht.

Ich schütte immer wieder Kohlen ins Feuer, spreche in nicht-akademischer Sprache (Scheiße, verkacken usw.), reite darauf herum, dass der Klient ein Versager ist (wenn ich das wirklich denken würde, würde ich das NICHT sagen. Das ist wichtig!) und jetzt fängt er an, zu widersprechen. Viele Berater, die noch nicht lange provokativ arbeiten hören zu früh auf. Immer weitermachen, solange der Klient emotional dabei ist. Und das ist dieser Klient die ganze Zeit. Also schütte ich immer weiter Kohlen ins Feuer…

Ber: Wie? Nee...

Kl: Es gibt auch ein paar andere Sachen, die mir gelungen sind.

Ber: Ja, aber das ist der Letzte. Und das am Schluss bleibt immer hängen.

Kl: Er ist nicht der Letzte.

Ber: Er ist nicht der Letzte? Sie wollen noch weitermachen?

Kl: Ja.

Ber: Obwohl Sie bei dem total versagen?

Beide lachen.

Kl *(lacht)*: Sie meinen, das sollte ich nicht tun?

Ber: Sie sind ja selbständig. Dann müssen Sie wahrscheinlich weitermachen. Und beim Nächsten wird es dann noch schlimmer.

Kl: Beim Nächsten wird es noch schlimmer.

Ber: Wie mit anderen Sachen. Einmal schlimm. Dann wird es beim nächsten Mal noch schlimmer, weil Sie gemerkt haben, dass Sie einmal versagt haben und dann versagen Sie beim nächsten Mal nochmal.

Kl: Dann geht es den Berg runter.

Ber: Der Druck wird immer größer.

Kl: Das Risiko nehm ich in Kauf.

Ber *(entsetzt)*: Sind Sie verrückt?

Kl *lacht*: Einmal mutig sein.

Ber: Bei dem?

Kl: Bei dem. Ja.

Ber: Wie lange noch? Wie lange geben Sie dem noch? Oder Ihnen?

Kl *(lacht)*: Bis morgen.

Ber: Bis morgen? Morgen kommt er?

Kl: Ob er kommt, weiß ich nicht.

Ber: Der macht das gut. Sie sitzen da und warten ‚Kommt er? Kommt er nicht? Kommt er? Kommt er nicht? Es klingelt. Oh Gott, er kommt, er kommt nicht, er kommt…?' Und wenn er kommt, dann hebelt er Sie sofort aus. Sie können ja mal auf die Uhr gucken, wie lange es dauert, bis er Sie aushebelt.

Kl: Er macht irgendwelche Zusagen und das macht er dann halb oder gar nicht und gewinnt dann irgendwie Zeit. Ist mal krank oder so was. Es passieren immer irgendwelche Dinge...

Ber: Und Sie grübeln dann tagelang, nein nächtelang darüber nach, wie Sie es beim nächsten Mal besser machen könnten, wie Sie ihn dazu bringen könnten, dass er endlich mal funktioniert.

Kl: Ja.

Ber: Genau. Ja. Das müssen sie ausbauen. Ein paar schlaflose Nächte. Es gibt doch so Leute, die im Kreis laufen bis der Teppich durchgescheuert ist. Und dann raufen Sie sich dabei noch die Haare.

Kl *(lacht)*: Die letzten...

Ber *(lacht auch)*: Die letzten, die noch da sind... Und dann können Sie zu dem sagen ‚Du bist schuld, dass ich jetzt keine Haare mehr habe.'

Anmerkung: Der Klient hat noch auf der Rückfahrt seinen Problemklienten angerufen und ihm gesagt, dass er ihm nicht mehr hinterherlaufen würde. Er schickte mir noch mehrere E-Mails danach, dass das Problem gelöst sei. Die ganze Intervention hatte eine Viertelstunde gedauert.

Fallbeispiel 3 (C. Cordes): Alle anderen sind doof

Zur Klientin: Junge Mutter, Psychologin, verheiratet, hübsch, schlank, zwei kleine Kinder (2 und 4 Jahre), lustig und nett.

Diese Demo ist ein Beispiel für total idiotische Lösungen, die beim Klienten einen starken Widerhaken haben. Das merkt man auch am Feedback danach.

Kl *setzt sich auf den Stuhl und stöhnt gleich.*

Ber: Oh, Gott. So schlimm?

Kl: Ja, ich muss jetzt auch mal leiden. Nein. Eigentlich haben wir... habe ich... aufgehört, zu leiden, aber die Familien um uns rum, also meine Schwiegerfamilie und meine Familie...

Ber: ...sind alle grauenvoll...

Kl: ...leiden alle gerne. Und wir nicht. Und die wollen auch gerne, dass wir leiden.

Ber: Sie passen nicht in das Bild. Sie leiden zu wenig. Die Welt ist ein Jammertal. Die Welt ist grauenvoll.

Kl: Ja, genau so sehen die das. Die wollen das von uns auch, und irgendwie mag ich das nicht. Ich wehr' mich da dagegen. Ein Beispiel ist: Kürzlich waren unsere Kinder krank, ein Magen-Darm-Virus, und dann hat es natürlich auch eine ganze Seite der Familie betroffen. Und mein Bruder hat gesagt ‚Wie geht's denn den Bazillenschleudern?' Die Kinder waren dann die, die das verbreitet haben. Und das war auch vor einem Jahr schon so nach dem Motto ‚Ja, bei Euch haben wir uns angesteckt.' Wir wurden deshalb an Heiligabend ausgeladen.

Ber: Sie sind aussätzig. Sie verbreiten nicht nur positives Zeug, sondern Sie sind auch noch Schuld an deren Unglück.

Kl: Ja, genau.

Ber: Vor allem Ihre Kinder, diese komischen kleinen Bazillenschleudern. Sie dürfen die einfach mit denen nicht mehr besuchen. Sie müssen zu Hause bleiben und brechen einfach den Kontakt ab. Verwandte kann man sich nicht aussuchen. Suchen Sie sich neue.

Kl: Nein.

Ber: Wie? Nein.

Kl: Wir kriegen dann auch noch den Vorwurf, dass wir ihnen die Enkel vorenthalten.

Ber: Bringen Sie sie einfach nur total clean. Schlagen Sie ihnen doch vor, dass Sie so eine Art Gesundheitsscanner vors Haus stellen und dann müssen die Kinder da immer erst durch. Und wenn das Ding piept, dann dürfen die Kinder nicht ins Haus. ‚Biep, biep, biep, biep, biep…! Nein, das geht nicht. Die haben noch irgendwo einen Virus, irgendein Bakterium, an der linken Arschbacke hängen, und dann dürfen die da nicht durch!'

Kl lacht sich halb tot.

Ber: Das kann ich mir richtig gut vorstellen. Wie alt sind die Kinder?

Kl *(lachend)*: 2 und 4.

Ber: Ja, eben. Das gibt es doch bestimmt. Es wurde doch alles schon erfunden. So was kaufen Sie und dann schenken Sie das Ihren Eltern und Schwiegereltern, jeweils ein Gerät und dann sagen Sie: 'O.k., wir testen das vorher. Wir schieben die Kinder da durch, und wenn es piept, gehen wir wieder heim.'

Kl *(kann vor Lachen kaum mehr sprechen)*: Ich überlege gerade, wo es so was geben könnte.

Ber: Das gibt es bestimmt im Internet. In Amerika. Die haben doch immer so verrücktes Zeug.

Kl *(immer noch lachend)*: Genau.

Ber: Das ist doch die Lösung für Ihre Probleme. Dann haben Sie kein Problem mehr mit den Verwandten.

Kl: Und wie leide ich dann?

Ber: Wie?

Kl: Ich muss ja leiden. Irgendwie.

Ber: Erst durch den Scanner, alle zusammen mit den Kindern. Und wenn Sie alle clean sind, dann müssen Sie weinend vor der Verwandtschaft zusammenbrechen...

Kl heult vor Lachen.

Ber: ...weil die Welt so schlecht ist. Das ist doch super. So wollen die das. Dann haben Sie alle eine Basis für eine Beziehung. Alle paar Wochen durch den Scanner, heulen, Kaffee trinken, jammern über das Schlimme der Welt, und dann gehen Sie wieder nach Hause.

Kl *(beruhigt sich langsam)*: Das wäre super. Wenn es den Scanner gäbe. Den würde ich sofort kaufen.

Ber: Nächstes Problem.

Klientin *(lacht wieder)*: Kein weiteres.

Ber: Sonst keine Probleme? Schade.

Kl: Also wie gesagt, mich nervt das halt, dass die alle leiden. Und wir gehen halt nicht dreimal in der Woche hin und jammern.

Ber: Nur einmal.

Kl: Nein. Gar nicht.

Ber: Sie gehen gar nicht mehr hin?

Kl: Nicht zum Jammer. Wenn wir hingehen, dann erwarten wir von ihnen, dass sie sich mit uns unterhalten.

Ber: Tja, Scheiße. Blöd gelaufen. Das ist bei solchen Leuten schwierig. Sie müssen sich auf dieses Jammerlevel der schlechten Welt begeben.

Kl *(lacht)*: O.k., mach' ich.

Ber: Oder nicht mehr treffen.

Pause.

Ber: Weil man sich mit solchen Leuten nicht normal unterhalten kann. Und die haben recht. Die Welt ist furchtbar.

Kl: Ja.

Ber: Da gibt es nichts Positives. Da gibt es nur so Bakterienschleudern wie Ihre Kinder. Das Thema haben Sie ja jetzt geklärt. Die kann man vorher total desinfizieren. Die können Sie auch vorher absprühen mit irgendwas oder in so Ganzkörperkondome mit Geruchslöchern stecken und dann so mitnehmen. Und dann zusammen jammern.

Kl: Ja. Das will ich aber nicht.

Ber macht schnaufende Raumanzugsgeräusche.

Kl lacht sich schlapp.

Ber: Sie ziehen sich alle vier so an. Dann haben Sie was zum Reden. Wie schlimm das für die Kinder ist mit dem Kondom-Raumanzug und für Sie. Dann haben Sie ein Thema.

Kl: Aber ich will ja gar nicht jammern.

Ber: Wie, Sie wollen nicht jammern? Das sind Ihre Verwandten! Denen zuliebe müssen Sie ab und zu mal ein bisschen jammern. Das schaffen Sie doch. Nehmen Sie Schauspielunterricht.

Kl: Die wollen nicht, dass man über sie jammert.

Ber: Über sie? Ach, das wollen die nicht.

Kl: Ich habe es noch nicht ausprobiert. Das wäre einen Versuch wert.

Ber *(zitiert mit verstellter Stimme, wie die Klientin sein soll)*: ‚Du bist Scheiße. Du bist richtig doof!'

Kl lacht wieder.

Ber: Was würden die dann machen?

Kl: Na ja, weiter über uns im Kreise der restlichen Familie lästern, dass wir nichts mehr mit ihnen zu tun haben wollen, dass wir die sind, die im Tunnel sind...

Ber: Die haben alle recht. Das sind ja auch mehr. Die Mehrheit hat immer Recht.

Kl: Ja, Ja.

Ber: Und wenn Sie so eine bescheuerte Familie haben, dann können Sie ja nichts dafür.

Kl *(zitiert ihre Verwandtschaft)*: ‚Und Ihr habt ja das Glück, dass Eure Kinder so toll sind. Ihr habt ja nicht das Problem, das wir mit unseren Kindern haben.' … ‚Wenn wir solche Kinder hätten wie die, dann wären wir auch ganz anders.'

Ber: Das sagen die.

Kl: Ja, ja.

Ber: Klar. Sie haben einfach das Glückslos gezogen. Und das gibt immer Neid. Wenn es einem gut geht und den anderen schlecht. Das gibt immer Neider in der Familie. Und Sie haben nun mal jetzt das Pech, dass alle Verwandten, Eltern, Schwiegereltern, Geschwister, usw. alle so scheiße sind...

Kl: Mhm.

Ber: ...und nur jammern, und auch noch so total verdorbene Kinder haben. Sie sind die Einzigen, die es richtig machen, die alles positiv sehen und die so tolle Kinder haben.

Kl *(lachend):* Mhm. Sind wir. Wir sind die, die recht haben.

Ber: Die Einzigen in der ganzen Familie. Alle anderen haben alle unrecht in allem. Immer.

Kl *(lacht)*: Sowieso... Nee... Ja...

Ber: Also müssen Sie DIE irgendwie entsorgen. Sie könnten ja zu viert auf eine einsame Insel ziehen und den Kontakt zu allen abbrechen und immer nur Leute auf die Insel lassen, die so sind wie Sie.

Kl: Also dann für die einen Scanner einrichten...

Ber: Ja, so einen Positiv-Scanner. Die dürfen nur rein, wenn sie positiv sind, wenn sie nie jammern.

Kl: Super.

Ber: Das wäre doch auch eine Idee.

Kl *(lacht)*: Und über was jammern wir dann?

Ber: Sie jammert ja nicht.

Kl *(lacht)*: Stimmt.

Ber: Sie jammert nie.

Kl: Aber dann habe ich ja kein Problem mehr.

Ber: Nö. Dann haben Sie kein Problem mehr.

Ber und Kl lachen.

Ber: Es gibt so viele Inseln. Ist Ihr Mann reich oder Sie? Sie könnten so eine Insel kaufen. Mit Selbstschussanlage nach außen.

Kl: Wir haben gerade gebaut. Da könnten wir die Selbstschussanlage installieren.

Ber: Das ist doch DIE Idee!!!

Kl: Ja.

Ber: Sie bauen dann allen so Computer-Chips ein. Und wenn diese Chips reagieren, weil die, die auf die Insel kommen, was Negatives denken, dann dürfen die nicht mehr mit Ihnen befreundet sein.

Kl: Super.

Ber: Sie sind ja sowieso die Einzigen, die wissen, wie es geht.

Kl: Ja. Stimmt.

Ber: Vor allem in der Familie. Oder haben Sie etwa Freunde, die auch positiv sind?

Kl: Mhm. Ja.

Ber: Echt? Die sind wie Sie?

Kl: Mhm.

Ber: Um Gottes Willen. Wo haben Sie die gefunden?

Kl *(lacht)*: Auf der Straße.

Ber: Und die sind genauso positive komische Typen wie Sie?

Kl: Ja. Mhm.

Ber: Und die halten Sie aus und Sie die?

Kl: Mhm.

Ber: Also ist es nur die Familie, die so scheiße ist.

Kl: Mhm.

Ber: Wohnen die schön weit weg?

Kl: Ja. Also weit weg genug, dass die uns nicht besuchen müssen und wir sie nicht, aber so nah, dass die Enkel sie regelmässig sehen.

Ber: Wo ist das Problem? Ah. Sie brauchen die als Babysitter.

Kl: Mhm.

Ber: Das ist natürlich blöd. Sie sind abhängig. Und die vererben Ihnen sicher auch was. Sie müssen sich ein bisschen gut stellen. Einmal im Jahr ein bisschen jammern, damit sie die Kinder nehmen ab und zu.

Kl *(lacht)*: Ja.

Ber: Da kommt man nicht raus. Aber es gibt Schauspiellehrer, die können einem das beibringen. Auf Knopfdruck weinen. Ist Ihr Mann auch so genervt?

Kl: Ja.

Ber: Der hält das auch nicht mehr aus.

Kl: Er hält das aus. Mit viel Geduld.

Ber: Der ist geduldiger als Sie.

Kl: Nein. Mich nervt's. Einmal im Jahr.

Ber: Das ist zu viel. Einmal im Jahr sich nerven lassen, ist zu viel. Das geht nicht. Selbst für die Kinder.

Kl: Ist zu viel... Hmmm.

Ber: Dh Sie haben einmal im Jahr einen Babysitter. Oder schieben Sie die Kinder öfter zu denen ab?

Kl: Die sind da öfter. Wir wollen ja auch, dass die Kinder zu den Großeltern Kontakt haben und nicht nur zu den bescheuerten... also... Eltern.

Ber: Nicht nur zu den bekloppten Eltern, diesen positiven, singenden, tanzenden, bekloppten Eltern. Die sollen ab und zu auch mal das Wahre im Leben sehen. Bei den Großeltern. Das Elend der Welt.

Kl lacht.

Ber: Sagen Sie ihnen doch vorher, sie sollen den Kindern so ausgehungerte Kinder aus Afrika zeigen, dass sie mal sehen, wie es wirklich ist, weil die ja immer diese komischen positiven Eltern zu Hause sitzen haben, die ihnen das alles vorenthalten.

Kl *(lacht sehr)*: Ja, das stimmt. Schöne Idee.

Ber: Es gibt doch so Therapien, bei denen man die Klienten mit so was ganz Schlimmem, Traumatischem konfrontiert. Sonst ist alles gut, aber ab und zu müssen sie mit der Nase in den Dreck. Wie Hunde. Dann können Sie sagen: ‚Mama, ich bring dir mal wieder unser Kind. Das muss mal wieder mit der Nase in die Scheiße!'

Kl: Das sollte ich ihr mal sagen.

Ber: Und dann lassen Sie das Kind drei Tage da...

Kl: Nein. Das ist zu viel, weil da könnte ich mich ja amüsieren in der Zeit. Das geht nicht.

Ber: Sagt Ihre Mutter

Kl: Sagt meine Mutter.

Ber: Das geht auch nicht.

Kl: Also, wenn ich arbeite, passt sie auf...

Ber: Sie sind eine Rabenmutter, wenn Sie das Kind so lange abschieben. Die sind ja auch noch so klein. Da kann man nicht so lange weg als Mutter. Da hat sie vollkommen recht. Sie sind verdorben.

Kl: Ja.

Diese E-Mail kam ca. 2 Wochen später von der Klientin:

Zunächst mal hat sich für mich gar nix getan, außer, dass ich von der Methode an und für sich sehr begeistert bin. Dann habe ich mich mit meinem Mann unterhalten. Und erst im Urlaub (also ca. 2 Wochen später) haben sich aus den dortigen Situationen heraus einige Erkenntnisse herauskristallisiert. Interessanterweise fand ich das Bild mit den Scannern unglaublich witzig. Nachhaltiger hat sich aber das Bild der Insel bei mir eingeprägt. Nämlich wir mit unserem positiven Schmarrn sitzen quasi vereinsamt auf der Insel. Nachdem wir (also mein Mann und ich) festgestellt haben, dass uns bei vielen Menschen unserer nächsten Umgebung eher die „Fehler“ auffallen, haben wir begonnen, daran zu drehen und wieder mehr den Blickwinkel auf das zu lenken, was gut ist. Und siehe da, schon nervt mich das Gedöns der anderen sehr viel weniger, und ich hab wieder mehr Zeit, mich mit mir und meinem Mann zu beschäftigen (statt mit dem unmöglichen Verhalten der anderen). Danke:-)

Fallbeispiel 4 (C. Cordes): Mein Sohn ist ein Dauerstudent

Die Klientin ist eher schüchtern. Um die 50. Sieht nicht sehr glücklich aus. Ist alleinerziehend.

Ber: Was für ein Problem haben Sie noch übrig nach zwei Tagen Seminar?

Kl: Mein Sohn studiert ewige Zeiten. Also er studiert im... Hm... Wie alt ist er überhaupt… hmmm...

Ich behaupte einfach irgendwas Übertriebenes.

Ber: …im 35. Semester?

Beide lachen.

Kl: Auf jeden Fall hab‘ ich ihm im Winter mal angekündigt, dass ich nicht gewillt bin, dass noch zwei Jahre mitzutragen, zumal ich das alleine schultere. Es sind so 750,- Euro im Monat. Ist ein Haufen Geld…

Ich schieße in den Busch und gucke, ob ein Hase rausspringt. In dem Fall appelliere ich an ihr Schuldgefühl. Und sie springt darauf an. Noch ohne Widerstand gegen ihre Selbstschädigung.

Ber: Es ist Ihre Mutterpflicht.

Kl: Das ist richtig. Das ist meine Mutterpflicht, und die seh' ich auch ganz stark, und dann hab‘ ich gesagt, dass er schauen muss, dass er an einen Praktikumsplatz kommt, wo er gut Geld verdient; und das Geld soll er sich auf die Seite legen und dass er dann schauen soll, dass er die Zeit für die Diplomarbeit finanziell überbrücken kann, weil ich dann nix mehr zahle nach dem Praktikum.

Ber: Denken Sie.

Kl lacht: Ja, das denke ich. Ich befürchte aber, dass das ganz anders eintrifft.

Ber: Dann kommt der danach an und sagt: ‚Mama, noch ein bisschen... *(mit großen unschuldigen Augen)*'.

Kl: Ja, der hat so viel Charme, der Junge.

Ber: Eben.

Kl: Ich befürchte, der wickelt mich wieder um den Finger.

Ich entwickle ein Zukunftsszenario. Das ist oft ganz gut, weil den Klienten klar wird, was passiert, wenn sie ihr Verhalten noch bis ins Alter fortsetzen.

Ber: Schnitt. 20 Jahre später ‚Mama...bitte, noch ein bisschen.'

Alle lachen.

Kl: Und dann wieder so weiter... Ich leiste mir die und jene Reise nicht, damit er…

Ich gebe ihr mehr Recht, als ihr lieb ist, und appelliere wieder an ihr Schuldgefühl.

Ber: Das ist auch richtig so. Ihr Sohn ist wichtiger als Ihre Reisen.

Kl: Wichtig ist er schon.

Ber: Wichtiger! Viel wichtiger.

Kl: Ja. Auf der einen Seite finde ich das auch ganz praktisch, weil ich…

Ber: ...weil Sie noch eine Aufgabe haben. Sie können sich noch um ihn kümmern.

Kl: Ich habe noch so eine Verbindung zu ihm irgendwie, auch wenn es nur übers Bankkonto ist.

Kl lacht.

Ich verstärke und übertreibe diese Idee noch, um einen Widerstand hervorzurufen. Noch stimmt die Klientin zu. Manchmal ist es wirklich überraschend, wie sehr man übertreiben muss, bis Klienten widersprechen. Bei dieser Klientin ist das der Fall. Ich werde noch drastischer.

Ber: Wenn Sie schon sonst sich nichts mehr zu sagen haben. Wenigstens können Sie ihm einmal im Monat einen Scheck ausstellen oder was überweisen.

Kl: Das ist schon ein Weg. Ja. Natürlich. Ich hoffe natürlich auch, dass das Geld gut angelegt ist.

Ber: In Partys...

Kl: Möglicherweise. Ja. Er reist ja sehr gerne. Er ist ja immer unterwegs irgendwie.

Ber: Der macht dann die Reisen. Und Sie nicht.

Kl *(lacht)*: Der macht dann die Reisen... Und dann denk' ich mir natürlich auf der anderen Seite, dass man die 750 Euro auch an arme Kinder im Ausland spenden könnte, aber dann gebe ich das Geld doch lieber meinem Sohn.

Ber: Dann geben Sie es lieber ihrem Schatziputzi.

Kl: Schon. Auf jeden Fall.

Ber: Wie alt ist der jetzt?

Kl: 27 *(lacht)*.

Ber: 27. Jetzt hätten Sie fast 57 gesagt. 27... Der ist ja noch fast ein Baby. Da müssen sie schon noch eine Weile durch.

Kl: Ja, wenn ich mir dann überlege... Ich glaube, ich war mit 27 auch noch nicht fertig mit dem Studium. Und dann denk ich mir, dass er vielleicht recht hat.

Ber: Eben. Der darf schon noch ein bisschen. Bis 37 oder 47 oder…

Kl: Aber dann befürchte ich eben wieder, dass es dann wirklich so wird mit 37, und das möchte ich auf keinen Fall. Ich will das Geld für mich ausgeben!

Ich versuche den zarten Widerstand zu verstärken…

Ber: Das hilft nichts, wenn Sie das nicht möchten. Da braucht er bloß wieder vor Ihnen stehen ‚Mama,...'

Kl: Ja, ich habe mir schon überlegt, wie ich damit umgehe.

Ich komme mit einer idiotischen Lösung, von der ich glaube, dass die Mutter diese Idee auch schon mal im Hinterkopf hatte.

Ber: Suchen Sie ihm eine reiche Frau.

Kl: Er hat eine Freundin.

Ber: Die ist auch arm.

Kl *(lacht)*: Die ist auch am Limit. BAföG. Eltern Hartz-IV-Empfänger. Da ist auch gar nichts zu holen.

Ber: Sie haben ihm die Falsche ausgesucht.

Die Klientin entspannt sich immer mehr und lacht immer häufiger.

Kl *(lacht)*: Die hat er angeschleppt. Die hab' ich nicht ausgesucht.

Ber: Die können Sie ja wieder rausmobben, und dann suchen Sie ihm übers Internet eine Neue.

Kl: Auf der anderen Seite bin ich ganz froh, dass er überhaupt eine Freundin hat, die es mit ihm aushält. Der ist chaotisch.

Ber: Chaotisch, Dauerstudent... Kann der überhaupt irgendwas? Oder ist der eine Vollniete?

Kl: Der kann unglaublich lustig sein. Das ist so ein richtiger Spaßvogel.

Ber: Das bringt kein Geld.

Kl *(lacht):* Das bringt kein Geld. Der geht so richtig fröhlich durchs Leben. Der hat so richtig Spaß am Leben. Und das ist auch gut so. Ich finde das gut. Das unterstütze ich dann schon gerne.

Ber: Sie müssen ihm finanziell helfen, weil mit Spaß kann man nicht viel verdienen. Es gibt gar keine Jobs, die Spaß machen.

Kl: Das ist möglicherweise auch sein Problem. Wenn er dann in den Job kommt und das wenig spassig ist für ihn, dann...

Ber: Was studiert der denn schon seit 50 Jahren?

Kl: Maschinenbau.

Ber: Um Gottes Willen.

Beide lachen.

Kl: Und das ist ja wenig spaßig. Ich denke mal bei so einem Job. Wie hält der das aus? Knochentrocken.

Ber: Kein Wunder, dass der das nicht fertig macht. Fürchterlich. Warum haben Sie ihm dieses Studium ausgesucht?

Kl: Er hat das ausgesucht.

Ber *(tut überrascht)*: Er hat das ausgesucht? Der kann das alleine? Der schafft das?

Kl: Der sucht sich alles alleine aus. Der sucht es sich ja auch alleine aus, dass er so lange studiert. Der fragt ja nicht ‚Darf ich so lange studieren?' Der macht das einfach.

Ber: Der weiß, dass seine Mutter blöd genug ist, noch eine Weile zu zahlen.

Beide lachen.

Ber: Wenn Sie dann nicht mehr zahlen, stellen Sie sich das mal vor, dann landet der unter einer Brücke.

Kl: Das ist die Befürchtung. Was passiert, wenn ich nicht zahle...

Ber: Der wird versagen...

Kl: Dann muss er sich einen Job suchen, dann macht er das Studium nicht fertig, weil er einen Job suchen muss, um zu überleben. Und da will ich jetzt auch nicht dran schuld sein. Oder er nimmt irgendwo Geld auf…

Das Thema Schuld ist ein riesiges Thema bei dieser Klientin. Sie fühlt sich ständig schuldig für alles. Und sie ist ein starker Bedenkenträger, was alles schief gehen könnte.

Ber: Genau. Er macht dann Schulden und kriegt dann auch Hartz-IV, wie seine Freundin. Dann passen sie ja wieder gut zusammen.

Kl: Die Freundin hat nicht Hartz-IV, nur ihre Eltern.

Ber: Noch nicht...

Kl: Das hoff‘ ich. Sie studiert Jura. Sie möchte nicht in den Staatsdienst. Sie will Rechtsanwältin werden, aber da gibt es ja auch viele, die gerade so am Existenzminimum rumkrebsen. Damit lässt sich nicht unbedingt viel Geld verdienen.

Ber: Sie haben schon eine ganz schöne Last zu tragen mit den beiden Loosern da.

Kl: Das ist schon heftig. Ja.

Ber: Die sind auch alleine absolut nicht überlebensfähig. Ohne Sie.

Kl: Da bin ich jetzt schon gespannt. Jetzt haben sie eine eigene Wohnung...

Ber: Aber Sie zahlen.

Kl *(lacht und sagt)*: Ich zahl‘. Ja.

Ber: Und wenn Sie mal nicht mehr zahlen. Dann werden die so was von verkacken. Das kann ich Ihnen gleich sagen. Deswegen müssen Sie das weitermachen, so lange er Sie so nett anlächelt und immer sagt ‚Noch ein bisschen...‘

Kl *(lacht)*: Schaut ja fast so aus, dass ich das so weitermachen muss. Da kommt dann noch ein zweiter Faktor dazu. Ich möchte nämlich nicht, dass seine Schwester benachteiligt wird dadurch. Wenn ich ihn immer unterstütze…

Ber: Ist die jünger?

Kl: Die ist älter. Die habe ich nicht so viel finanziell unterstützen müssen. Die hat das schneller hingekriegt.

Ber: Schämen Sie sich.

Kl: Und das ist langsam so wahnsinnig ungerecht. Kann ich das jemals wieder gutmachen?

Ber: Niemals.

Kl: Nie, gell?

Ber: Sie lieben einfach Ihren Sohn mehr als Ihre Tochter.

Kl: So sieht es schon aus...

Ber: Das ist so. Was heißt, das sieht so aus. Und die Tochter wird Ihnen das immer vorwerfen. Und Ihr Sohn wird Ihnen das vorwerfen, wenn Sie jetzt das Geld kürzen. Sie sind sowieso der Dackel. Sie sind Schuld.

Kl: Ja, ja. Im Grunde ist es wurscht. Es ist egal, was ich mache.

Ber: Und die Tochter ist cleverer. Die kriegt das besser auf die Reihe? Oder ist die auch so ein Looser.

Kl: Nee. Die ist tough. Sehr zielstrebig. Gut organisiert.

Ber: Die ist ganz schön blöd, oder? Dass sie so tough ist. Sonst würden Sie sie auch noch bezahlen.

Kl: Ja. Ja, ja... Klar.

Ber: Saublöd.

Kl *(lacht)*: Im Grunde macht sie das nicht so geschickt wie ihr Bruder. Die ist da viel verbissener und strukturierter. Wahrscheinlich mehr so wie ich.

Ber: Ihr Sohn macht das super. Der soll das ruhig so weiter ausbauen.

Kl *(lacht)*: Wie sein Vater. Der hat das auch so gemacht.

Ber: Mit dem sind Sie hoffentlich nicht mehr zusammen.

Kl *(lacht)*: Nee. Der ist schon verstorben. Der hat sich zu Tode gesoffen.

Ber: Naja, schau.

Kl: Das ist auch ein Weg.

Ber: Säuft Ihr Sohn auch?

Kl *(lacht die ganze Zeit)*: Nee. Gott sei Dank nicht. Der raucht bloß.

Ber *(lacht auch)*: Na, dann... Dann ist es ja nicht so schlimm.

Beide lachen.

Kl: Das kostet auch einen Haufen Geld.

Ber: Schauen Sie. Die Genverteilung ist doch ganz klar. Die schlimmen Gene sind alle auf Ihren Sohn übergegangen, die Versager-, Looser-, Drogenabhängigkeitsgene. Und Ihre Tochter hat alles von Ihnen abgekriegt. Alles Gute.

Kl: Das Positive. Ja. Ist schon heftig.

Ber: Und Ihr Sohn ist ganz der Papa.

Kl: Der ist ziemlich stark der Papa.

Ber: Ein richtiger Versager einfach.

Kl: Den man immer unterstützen muss.

Ber: Sonst schafft er das nicht... Der kriegt das alleine nicht geregelt.

Kl: Das befürchte ich wirklich, dass er dann mal so auf der Straße landet.

Ber: Das ist keine Befürchtung. Das wird so sein, wenn Sie damit aufhören. Das ist so.

Kl: Möglicherweise. Ich hab schon überlegt, auf welche Weise ich Einfluß nehmen kann, dass er einen guten Job kriegt, aber dann denk ich mir wieder ‚Neeee, das kann ich ja nicht machen. Das ist ja wirklich nicht meine Aufgabe.'

Ber: Sie gehen mit ihm zu den Vorstellungsgesprächen.

Kl lacht sich tot.

Ber: ‚Das ist mein Sohn. Er ist 27 und ich such ihm jetzt einen Job. Ich bin die Mutti.'

Kl *(lacht immer noch):* Die Mutti. ‚Er braucht einen guten Job.'

Ber: ‚Ich will nicht mehr bezahlen. Nehmen Sie ihn. Bitte!!!'

Kl *(lacht immer noch):* Ja, aber dann denk ich mir, dass die sich total verarscht vorkommen...

Ich schmücke die absurde Idee noch aus, da die Klientin voll drauf anspringt. Wenn Sie merken, dass eine Idee zündet, dann ruhig noch weitermachen. Nicht denken: Jetzt hab ich es gesagt. Der Groschen scheint gefallen. Ich höre auf. Wenn Sie dann weitermachen, festigen Sie den Widerstand gegen die Selbstschädigung.

Ber: Sie könnten sich ja auch hinter ihm verstecken, unter einem Mantel, dass die das nicht sehen. Und dann flüstern Sie ihm alles ins Ohr. Oder Sie benutzen die moderne Technik mit so Ohrstöpseln. Er setzt ein Headphone auf, was man nicht sieht. Und Sie flüstern ihm, was er dem sagen muss.

Kl: Mhm...

Ber: Und dann müssen Sie natürlich auch gucken, dass er den Job behält. Sonst wird er eingestellt und versagt dann, wenn Sie nicht mehr dabei sind.

Kl: Ich müsste ihn sein Leben lang coachen.

Ber: Immer mit Knopf im Ohr.

Kl: Immer mit Knopf im Ohr.

Ber: Tag und Nacht.

Kl: Ich würde ja wahnsinnig werden.

Ber: Das macht doch nichts.

Kl lacht.

Ber: Sie sind seine Mutter. Dafür haben Sie es dann geschafft, dass er nicht wie sein Vater endet.

Kl: Ja gut. Das stimmt schon. Da muss ich mir schon auf die Schulter klopfen.

Ber: Und das müssen Sie weiter machen. Bis jetzt haben Sie es ja ganz gut hingekriegt.

Kl: Und jetzt denke ich mir, man sollte ja auch das zu Ende bringen, was man mal angefangen hat.

Ber: Bis zum Grab.

Kl: Bis ich zusammenbreche und sage: Neee, mit mir nicht mehr. Dann weiß ich auch nicht, was dann am Ende rauskommt.

Ber: Nix kommt dabei raus. Sie müssen das weitermachen.

Kl: Nix vielleicht jetzt nicht...

Ber: Wie jetzt?

Kl: Aber weniger als vorher.

Ber: Er wird auf jeden Fall versagen.

Kl: Mmmmm. Oder nicht das machen, was Geld bringt.

Ber: Der wird dann ein so armer Künstler. Der sitzt dann unter der Isarbrücke und singt lustige Lieder, weil er doch lustig ist.

Kl: Der ist lustig. Ja. Ich glaube eher, dass er dann irgendwelche Clownnummern abzieht. Er stellt sich auf die Bühne und macht da den Alleinunterhalter.

Ber: Da gibt es einen aus einer Million, die dann damit was verdienen. Aber vielleicht ist er der, der dann was verdient. Sie glauben ja an ihn.

Kl: Ja, ja. Möglicherweise.

Ich schütte immer wieder Kohlen ins Feuer, auch wenn es Wiederholung ist, da ich merke, dass die Klientin immer noch voll dabei ist.

Ber: Er wird das schaffen. Aber bis dahin, bis er 65 ist und es geschafft hat, müssen Sie ihn einfach unterstützen.

Kl: Ja, vielleicht ist auch dadurch, dass ich ihn unterstütze in dem Studium, seine künstlerische Ader blockiert.

Ber: Sie sind immer Schuld.

Kl: Er muss jetzt weiterstudieren, weil er das Geld kriegt. Er kann eigentlich nicht das machen, was lustig ist, was Spaß macht und ich blockiere das wieder.

Ber: Und wer ist Schuld?

Kl: Ja, ich bin Schuld.

Ber: Sie. Genau. Immer. Egal, was Sie machen.

Kl: Weil ich ihn unter Druck setze, jedenfalls unter moralischen Druck.

Ber: Aber wenn Sie jetzt eh weiterzahlen, bis er 65 ist, kann er ja auch noch 20 Jahre studieren, dann ist ja egal, was er macht.

Kl: Dann wärs wurscht. Ja. Dann müsste ich einfach jeden Monat von meinem Gehalt diese 750 Euro einfach mal vergessen...

Ber: Sie verdienen dann halt einfach 750 Euro weniger, stellen Sie sich einfach drauf ein... Wie alt sind Sie?

Kl: Ich bin 54.

Ber: Eben. Sie haben ja nur noch zehn Jahre zu arbeiten, elf. Stellen Sie sich einfach drauf ein, dass sie jetzt elf Jahre 750 Euro weniger im Monat haben. Ihre arme Tochter lassen wir mal unter den Tisch fallen. Die ist egal. Die verdient selber. Die schafft das alleine.

Kl: Die braucht mich am allerwenigsten.

Ber: Die kann ja nichts dafür, dass ihr Bruder so ein Versager ist.

Kl: Nee. Da kann sie wirklich nichts dafür. Das ist höchstens das, was sie mir vorhält.

Ber: Ach, die macht Ihnen Vorwürfe.

Kl: Nicht so offensichtlich. Das macht sie nicht.

Ber: Das machen Frauen ganz subtil. Die sagt dann wahrscheinlich *(leicht weinerliche Stimme)*: ‚Ist schon o.k..'

Kl *lacht*: Ja, die leidet lieber still vor sich hin.

Ber *(weinerlich)*: ‚Es macht mir nichts aus... Mir geht's ja gut.'

Kl: Ganz genau. Ja, ja. Und dann denke ich mir ‚Scheiße, was mach ich da eigentlich.'

Ber: Sie sind einfach eine schlechte Mutter.

Kl: Das Gefühl habe ich schon immer gehabt, dass ich nicht perfekt bin als Mutter…

Ber: Sie sind eine Katastrophe. Sie sind nicht nur nicht perfekt, sondern die schlimmste Mutter auf Erden.

Die Klientin sieht das meiste in ihrem Leben eher negativ. Doch ich merke, dass sie grübelt. Zu Beginn der Demo war sie ständig kurz vor dem Weinen. Jetzt lacht sie sehr oft und hat viel entspanntere Gesichtszüge.

Kl: Ja, also, dass ich eine Rabenmutter bin, das weiß ich schon.

Ber: Und Sie müssen alles auffangen, was dieser Ex-Mann verbockt hat. Irgendwann sehen Sie dann ganz verhärmt aus. Und dann können Sie auch nicht mehr. Sie haben jetzt einen neuen Freund?

Kl: Ja.

Ber: Ist der auch so ein Versager?

Kl: Ja, schon.

Alle lachen.

Ber: Sie haben ein Händchen für Versager, sowohl bei der Männerwahl als auch bei Ihren Kindern.

Kl *lacht*: Ja.

Ber: Nur Ihre Tochter hat es irgendwie geschafft. Da ist irgend so ein Gen durchgekommen von der Urgroßmutter...

Kl: Wahrscheinlich. Bei der geht das ganz anders ab.

Ber: Und warum ist der jetzige Mann ein Looser? Der säuft nicht, aber der nimmt Drogen oder was macht der?

Kl: Der verdient fast nichts.

Ber: Den unterhalten Sie auch.

Kl: Nee. Den unterhalte ich nicht, weil da hab ich jetzt auch keinen Bock drauf.

Ber: Ist ja auch nichts mehr übrig, weil Sie Ihren Sohn unterstützen müssen.

Beide lachen.

Kl: Aber man kann sich halt dann auch nichts aufbauen. Ist ja klar. Wenn nur einer das Geld hat.

Ber: Aber Sie kommen ja offensichtlich mit sehr wenig zurecht.

Kl: Ja, ich bin da schon sehr bescheiden. Das war schon immer so.

Ber: Sie könnten sich ja noch einen Lover zulegen, der noch weniger verdient.

Kl: Ja, das hab ich alles schon ausprobiert.

Alle lachen.

Kl: Aber das ist schon auch anstrengend.

Ber: Das ist doch egal. Das ist Action.

Kl: Ja, aber es zehrt. Das zehrt dann schon ordentlich.

Ich spreche das Offensichtliche an. Nehmen Sie alles als Angebot und verknüpfen Sie es mit dem Problem. Alles kann helfen, um den Klienten zum Relativieren zu bewegen. Seien Sie aufmerksam und gucken Sie hin.

Ber: Deswegen sind Sie so dünn.

Kl *(lacht)*: Möglicherweise. Ja.

Ber: Die saugen alles aus Ihnen aus.

Kl *(lacht)*: Ja, ich kann mich nicht so entspannt im Leben zurücklehnen. Ich muss immer auf der Hut sein.

Ber: Sie haben wahrscheinlich ein starkes Helfersyndrom.

Kl: Ja, total. Ich muss immer geliebt werden.

Ber: Das ist auch wichtig. Und wenn Sie dem Sohn jetzt auch das Geld kürzen, der wird Sie verstossen und versagen. Beides.

Kl: Ich möchte ja nicht die böse Mama sein oder die blöde Kuh oder...

Ber: Das sind Sie aber. Das hilft nichts. Das sind Sie auch so. Egal, was Sie machen.

Beide lachen.

Ber: Diese undankbaren Gören. Das ist schlimm, oder?

Kl: Naja, undankbar sind sie nicht.

Ber: Danke für das Geld. Tschüß.

Kl: Nee. Der ist inzwischen schon so, dass er mir die Tür aufhält, mir den Vortritt lässt. Das war früher überhaupt nicht so.

Ber: Sie haben es also geschafft, ihm Manieren beizubringen.

Kl: Manieren hat er inzwischen. Ja.

Ber: Wenigstens das.

Kl lacht.

Ber: Kein Geld, ein Versager, aber er hat Tischmanieren und hält die Tür auf.

Kl *(lacht)*: Ja.

Ber: Das finde ich super. Wahrscheinlich hat er so seine Freundin gefunden. Mit Manieren.

Kl: Das stimmt. Das glaub ich auch. Mit guten Manieren und seinem Charme. Und wenn dann hinten das Hemd aus dem Sacko raushängt, das hat dann auch wieder Charme. Wenn das so ein bisschen chaotisch aussieht.

Kl kichert vor sich hin.

Die Klientin ist nach der Sitzung wie ausgewechselt. Sie lacht. Sie ist entspannt.

Fallbeispiel 5 (C. Cordes): Meine Kinder sind schwierig

Ber: Sie haben ein Problem mit Ihren Blagen.

Kl: Eigentlich nur mit einem. Die anderen beiden sind schon erwachsen. Ich hab's schon zweimal erlebt, und jetzt sitz' ich wieder da.

Ber: Und es ist ein Knabe?

Kl: Es ist ein Knabe. Der wird übermorgen 14, aber ja, ein Knabe.

Ich werde pauschal, mache den Sohn schlecht und beobachte, ob eine Reaktion kommt (ob sie ihn zum Beispiel verteidigt).

Ber: Und der ist unmöglich, der Typ.

Kl: *(atmet und lacht)* .... Nein, natürlich nicht.

Ber: Was macht der denn Schreckliches, dass er Sie so zur Weissglut bringt?

Kl: Naja, der stürzt mir schön in der Schule ab, und ich sitze da mit meinem schlechten Gewissen, weil ich berufstätig bin und…

Ich gebe der Klientin mehr Recht, als ihr lieb ist, und warte auf die Reaktion.

Ber: Zu Recht. Sie müssen für ihn da sein. Schämen Sie sich. Stellen Sie sich mal vor: Sie sind die ganze Zeit unterwegs und das arme Kind sitzt zu Hause und kriegt die Schule nicht mehr auf die Reihe, weil die Mami unterwegs ist.

Kl sagt nichts und bekommt Tränen in den Augen.

Ber: Das ist wirklich schlimm. Ja. Brauchen Sie ein Taschentuch?

Ich reiche ihr ein Taschentuch und spreche weiter. Anmerkung: Das mache ich oft. Als Berater sollten Sie Tränen ernst nehmen, aber sich nicht zu sehr davon beeindrucken lassen. Sonst verlieren Sie die Führung im Prozeß der Provokativen Vorgehensweise. Ich spreche weiter und setze noch eins drauf, ich verstärke mit Worten das, von dem ich glaube, was die Klientin selbst denkt. Wichtig: Ich habe dabei wie immer die nonverbale Haltung, dass ich der Klientin alles zutraue. Sonst dürfte ich solche Sachen nicht sagen.

Ber: Grauenvoll. Sie sollten wirklich immer ein schlechtes Gewissen haben. Das arme Kind. Es wird nicht genug gefördert von Ihnen. Und dann ist bestimmt der Mann auch nicht mehr da. Der arbeitet auch. Das Kind ist alleine den ganzen Tag. Schämen Sie sich. Legen Sie ihm wenigstens morgens noch seine Unterhosen hin und seine T-Shirts, damit er dann das wirklich auch noch schafft?

Kl *(fängt im Weinen an zu lachen)*: Nein.

Ber: Nein? Das schafft er schon selber?

Kl: Nein, das schafft er nicht.

Ber: Das schafft er nicht? Sie legen ihm das noch hin?

Kl. Nein, nein, auch nicht.

Ber: Der zieht halt alle paar Wochen mal eine neue Unterhose an.

Sie entspannt sich sichtlich.

Kl *(lacht)*: Ich weiß es nicht.

Ber: So sind Männer. Sie wollen es wahrscheinlich auch gar nicht so genau wissen.

Kl *(lacht):* Bei den Socken stimmt's vermutlich sogar…

Ber: Das riecht vermutlich schon so, wenn er vor dem Haus ist. Ah, er kommt nach Hause *(riecht und schnüffelt laut in der Luft herum)*. Ich riech' ihn schon.

Kl: Mmmm.

Ber: Ja. Schämen Sie sich. Sie haben einfach versagt als Mutter. Komplett. Und die anderen beiden? Die sind doch irgendwie groß geworden.

KL *(lacht)*: Ja, das ist ja das Merkwürdige. Die sind sogar ziemlich gut geworden.

Ber: Sind das Mädchen?

Kl: Nein. Eine Tochter. Die Erste fängt schon an, ihre eigene Wohnung einigermaßen aufzuräumen.

Ber: Aber da gehen Sie schon noch regelmässig hin und putzen.

Kl *(lachend)*: Nein, nein. Die wohnt weit weg von mir.

Ber: Die ist geflohen. Die denkt: Jetzt hat sie versagt. Jetzt gehe ich möglichst weit weg, damit Mama nicht ständig eingreifen kann.

Kl: Ja.

Ber: Aber schauen Sie, jetzt haben Sie nur noch drei Jahre. Das müssen Sie ausnutzen.

Kl lacht.

Ber: Sie sollten Ihren Job kündigen…

Kl *(lacht)*: Ok. Mach' ich.

Ber: ...und ihm von morgens bis abends sagen, dass er gute Noten schreiben muss, weil das wichtig ist fürs Leben. Das machen Sie wahrscheinlich immer abends zwischen fünf und sieben, wenn Sie nach Hause kommen. Er sagt schon: Mami kommt nach Hause. Und Sie sitzen da und sagen: 'So. Du warst also wieder schlecht…'

Die Klientin schaut mich entgeistert an. Ich greife das sofort auf spreche es an.

Ber: Schauen Sie mich doch nicht so an!

Kl *(lacht)*: Ich frage mich gerade, wie das funktionieren soll. Sie sagen so viele Dinge, die natürlich nicht stimmen. Und nu?

Ber *(lacht)*: Sie schauen mich an als wäre ich nicht ganz dicht.

Kl: Nein. Ich weiß, dass das, was Sie da gerade alles sagen, so nicht ist.

Ber: So nicht ist? Das heißt, er ist doch zu ein bißchen was in der Lage?

Kl: Ja, er hat alles Mögliche, wozu er in der Lage ist.

Ber: Zum Beispiel?

Kl: Er will nicht. Er könnte theoretisch bestimmt auch so was wie Vokabeln lernen. Rein in der Theorie trau' ich ihm das voll zu.

Ber: In der Praxis findet das nur nie statt. Ich finde, der macht das klasse. Der treibt Sie in den Wahnsinn.

Kl: JA.

Ber: Jawohl. Genau. Der weiß genau, was er machen muss, dass Sie in den Wahnsinn getrieben werden.

Kl: JA.

Ber: Und Ihr schlechtes Gewissen noch mehr Früchte trägt. ‚Mami, wenn du zu Hause bleiben würdest, wäre ich viel besser in der Schule'.

Kl: Um Gottes Willen. Das würde er im Leben nicht sagen.

Ber: Würde er nicht? Er würde sagen: Verschwinde doch Tag und Nacht, dass ich machen kann, was ich will.

Kl: Ja.

Ber: So sind sie, die Männer, die Jungs.

Kl. *(lacht)*: Stimmt. Mein großer Sohn war genauso.

Ber *(ungläubig)*: Und aus dem ist trotzdem was geworden?

Kl: Ja.

Ber: Was macht der denn jetzt?

Kl *(lacht laut)*: Er studiert Psychologie.

Ber *(lacht)*: …und behandelt computersüchtige Jugendliche... Danke Mama, dass du mich immer hast spielen lassen. Haben Sie da auch schon so viel gearbeitet?

Kl: Nein, da hab ich noch nicht so viel gearbeitet.

Ber: Sie sind jetzt erst zur Rabenmutter geworden.

Kl *(lacht)*: Ja. Genervt war ich auch damals schon, aber da hatte ich mehr Zeit...

Ber: Da hatten Sie mehr Zeit, sich nerven zu lassen.

Kl *(lacht)*: Und er hat auch mehr gemacht. Die Großen haben, WEIL ich mehr Zeit hatte, WEIL ich mehr da war, auch mehr gemacht... und trotzdem kein gutes Abitur, aber sie waren zumindest dran und nicht jedes Mal kurz vor der fünf.

Ber: Also, sind doch Sie schuld, dass er jetzt so verkackt, weil Sie so viel arbeiten.

Pause

Kl: Interessante Hypothese.

Auch ein typisches Verhalten: Die Klientin versucht sich bedeckt zu halten und so die Provokationen an sich abprallen zu lassen. Das ist vor allem dann der Fall, wenn es im Seminar oder bei Kongressen eine Live Arbeit auf der Bühne ist, bei der viele Menschen zugucken. Als Berater darf man sich davon nicht verunsichern lassen, sonst übernimmt die Klientin die Führung. Gleichzeitig müssen Sie den Guten Draht zum Klienten aufrecht erhalten. Ein gewisser Drahtseilakt.

Ber: Haben Sie einen reichen Mann, damit Sie nicht arbeiten müssen?

Kl: Nein, natürlich nicht.

Ber: Scheiße.

Kl: Ich hab' einen, aber der wird nicht für meine Kinder zahlen können.

Ber: Und es ist nicht der Vater. Der ist nach Südafrika abgehauen?

Kl: Nee, der ist nur privatinsolvent. Da kommt auch nix.

Ber: Das heißt, Sie müssen arbeiten.

Kl: Ich mag auch.

Ber: Sie mögen??? Sie sind eine Mutter. Sie dürfen nicht mögen.

Sie verteidigt immer vehementer ihren Job.

Kl: Ich liebe diesen Job.

Ber: Vergessen Sie es. Sie müssen für Ihren Sohn da sein. Der landet sonst in der Gosse, wenn Sie so weitermachen. Der wird nur noch am Computer sitzen den ganzen Tag und macht eine Würstchenbude auf. Wo wohnen Sie? In welcher Stadt?

Kl: In Hamburg.

Ber: Da gibt's doch so Parks. Da kann man Würstchenbuden aufmachen. Das können Sie ihm doch sagen.

Kl kichert.

Ber: Sie haben noch fünf Jahre, dann ist er 18. Dann schmeißen Sie ihn raus mit seinem Computer. Es gibt tolle Jobs. Da werden immer Leute gebraucht.

Kl: Ich hab' ihm solche Sachen schon gesagt.

Ber: Das will er auch nicht?

Kl: Nee. Er will Chef werden. Er möchte richtig was werden.

Ber: Und da müssen Sie dafür sorgen. Es ist Ihre Verantwortung, dass er Chef wird.

Kl: Haben Sie einen Trick, wie er selber in die Verantwortung kommt ohne, dass ich was machen muss?

Auch ein Klassiker: Gib mir ein Patentrezept lieber Coach. Ernstzunehmende Lösungen gebe ich nie. Ziel ist, dass der Klient eine Lösung findet. Ich helfe den Klienten dabei. Selbstgefundene Lösungen sind immer die, die emotional am fundiertesten sind. Deshalb gehe ich wieder in die Übertreibung, um ihr zu zeigen: Sie müssen selbst die Lösung finden.

Ber: Sie müssen ran. Und zwar Tag und Nacht.

Kl: Ich weiß, dass das so nicht ist.

Ber: Ich finde, Sie sollten wieder anfangen, seine Unterhosen zu waschen. Sie arbeiten. Sie müssen jetzt Schritt für Schritt wieder regressiv in die Mutterrolle zurückggehen. Der ist doch erst knapp 14. Der kann doch noch nicht so viel selber machen. Das arme Kind. Und Sie lassen ihn den ganzen Tag alleine vor dem Computer sitzen. Es gibt ja auch so Internate... Da könnten Sie ihn abschieben... äh... also ich meine...

Kl: Die sind leider zu teuer.

Ber: Scheiße. Dann müssen Sie sich doch einen anderen Mann suchen, der das finanziert.

Kl *(lacht)*: Das ist eine gute Idee. Sehr gute Idee.

Ber: Es gibt ja auch Heime, die nix kosten, wo er aufgeräumt ist. Da wird er dann eingesperrt den ganzen Tag und beobachtet.

Kl kichert.

Ber: Abends holen Sie ihn dann wieder ab und halten ihn fest, dass er ja nix alleine macht und dann kontrollieren Sie nochmal alles, die ganzen Hausaufgaben.

Kl *(lacht)*: Das ist ja Quatsch.

Ber: Das ist unlösbar, das Problem.

Kl: Das glaube ich nicht.

Ber: Sie sind auch die Einzige auf der Welt, die dieses Problem hat.

Beide lachen.

Ber: Was arbeiten Sie denn denn? Psychologin?

Kl: Ja. Und ich hab' die ganzen Eltern da sitzen.

Ber: Und selber versagen Sie total im Privaten. Das ist ja unglaublich.

Kl *(lacht sich tot)*: Ich sag' immer ganz viele schlaue Dinge und die finden das immer ganz spannend und…

Ber: Dann kommen Sie nach Hause und da funktioniert das nicht.

Kl: Wie unauthentisch ist das denn?

Ber: Blöd. Der sagt wahrscheinlich: ‚Mama, nicht schon wieder diesen Psychoquatsch!'

Kl: Ja, der sagt, Mama, lass diesen Psychoscheiß.

Ber: ‚Lass mich in Ruhe'.

Kl *(kichert):* Das sagt er gar nicht. Das finde ich über den Lehrer raus.

Ber: Sie sind ein Spion.

Kl: Nein. Ich werde mit E-Mails bombardiert. ‚Ihr Sohn hat schon wieder...' ‚wollen Sie nicht endlich mal...' Die Eine hat geschrieben: ‚Sie sind doch Psychologin...' Dann sage ich immer: ‚Sagen Sie es doch meinem Kind. Sagen Sie ihm doch, dass er die Schule so nicht schafft. Mir hört er doch eh nicht zu. Ich bin doch nur die Mutter. Das sollten Sie als Pädagoge doch wissen. Trotzdem schreiben sie mir immer die Mails, dass ich mit meinem Sohn sprechen soll.

Ber: Der hat wahrscheinlich einen genetischen Defekt von seiner Mutter.

Kl: Nein. Der ist 14.

Ber: Wahrscheinlich können Sie gar nix machen. Das ist vererbt von irgendeiner Großmutter. Der ist einfach so. Sie können da nix dran ändern. Der ist ein Computer-Junkie-Versager. Sie können machen, was Sie wollen.

Stille.

Ber: Vielleicht haben Sie sonst keinen Stress im Leben. Das bringt Ihnen ja auch ein bisschen Gefühl, ein bisschen Aufregung. Sie haben wahrscheinlich ein so wahnsinnig langweiliges Leben sonst.

Wenn Sie das nicht mehr hätten, sich über Ihren Sohn aufzuregen, was hätten Sie denn dann noch?

Kl *(lacht)*: Nichts.

Ber: Ich glaube auch. Dann wäre das Leben echt öde.

Kl: Hmmm.

Ber: Ist doch toll. Der braucht nur einmal Piek machen und Sie gehen hoch. Ich finde das klasse. Das ist eine Stärke. Das könnte er einsetzen. Beruflich vielleicht. Das können Sie ihm ja mal sagen. Vielleicht kann er andere da auch so aufregen.

Kl atmet tief durch.

Ber: Was kann er denn? Sie sagen immer, er kann was. Ich hab immer das Gefühl, er kann gar nichts außer Computer spielen.

Kl: Der ist lustig.

Ber: Lustig? Der hat Humor?

Sie nimmt ihn zum ersten Mal richtig in Schutz und zählt die positiven Eigenschaften ihres Sohnes auf. Das passiert immer wieder. Die Klienten kommen, um sich über ihre Kinder zu beschweren. Und je schlechter ich die Kinder darstelle, desto eher legen die Klienten ihren Fokus wieder auf das, was sie können. Etwas, was sie oft schon lange aus den Augen verloren haben, indem sie sich nur noch über nichtaufgeräumte Zimmer oder zu viel Computerspielen aufgeregt haben.

Kl *(lacht)*: Jede Menge Humor hat der Kerl. Der kann seine Mutter provozieren. So wie Sie. Ist ein schlauer Kerl. Charme hat er ohne Ende.

Ber: Dann kommt er immer und sagt: Mama, ist doch nicht so schlimm eine fünf *(ahmt Dackelblick nach)*. Macht er so was?

Kl: So ein Charmeur ist er doch wieder nicht. Er sagt dann: Mama, ich mach' das schon alles. Das sagt er seit zwei Jahren. Ich lasse ihn dann auch. Aber ich kann das Fragen nach einer Woche oder zwei nicht mehr lassen. Irgendwann frage ich dann doch nach seinen Hausaufgaben, weil ich dann denke, dass es nicht so eine gute Idee ist, ihn mit 12 oder 13 so ganz sich selbst zu überlassen. Und dann frag' ich ihn. Dann sagt er: Hab' ich gemacht. Dann krieg ich einen Brief, dass er es nicht gemacht hat. Und er dann: Kontrollier mich nicht. Wenn ich sage, ich hab's gemacht, dann hab ich es gemacht. Dann kommt wieder die E-Mail, dass er es nicht gemacht hat und dann muss ich ihn wieder kontrollieren.

Ber: Müssen Sie auch. Und vor zwei Jahren kam ein Bruch, haben Sie gesagt. Da wurde er plötzlich schlecht. Da haben Sie wahrscheinlich irgendwas gemacht, dass er dann gesagt hat: Jetzt mag ich nicht mehr.

Kl: Ja, ich bin umgezogen. Neue Schule.

Ber: Mist. Wieder ein Fehler. Sie machen immer alles falsch. Man kann doch nicht einfach umziehen und das arme Kind in eine andere Schule bringen. Rausreißen aus seiner Umgebung. Sind Sie wahnsinnig geworden? Wahrscheinlich auch noch wegen einem anderen Mann.

Kl: Ja.

Ber: Kein Wunder, dass das Kind gestört ist. Alle Kinder in Trennungsfamilien sind gestört. Und Ihr Sohn ganz obendran.

Anmerkung: Ich glaube natürlich nicht, dass alle Kinder aus Trennungsfamilien gestört sind. Ich glaube aber, dass sie denkt, dass der Grund der Umzug und der neue Mann ist. Ich übertreibe die Gedanken, von denen ich denke, dass sie sie selbst hat.

Kl *(lacht gequält)*: Ziemlich merkwürdige Methode. Ehrlich.

Ber: Sie hätten einfach da bleiben müssen, für immer. Bis er volljährig ist. Nicht arbeiten. Unterhosen zusammenlegen. Anziehen.

Kl *(lacht)*: Ich habe noch nie Unterhosen zusammengelegt.

Ber: Ich auch nicht, aber ich dachte, vielleicht haben Sie das gemacht. Dann wäre er jetzt gut in der Schule. Also ist es doch wieder Ihre Schuld. Mütter sind immer schuld. Egal, was sie tun. Sie sind schuld. Sie müssen sich auf jeden Fall immer schuldig fühlen.

Kl: So ein Quatsch.

Ber: Wie. Quatsch. Natürlich. Es ist die Pflicht einer Mutter, sich schuldig zu fühlen, weil man immer alles falsch macht.

Kl: Ach so. Das ist mir neu.

Ber: Sie sind doch Psychologin. Sie müssen das doch wissen.

Kl: Beziehungspsychologin.

Ber: Nicht Beziehungen mit Jugendlichen.

Kl: Alles. Ich sag‘ ja: Da sitzen genau die Eltern mit den Kindern, denen ich ähnliche Sachen sage wie meinem Sohn. Ich bin mir nicht so sicher, ob deren Kinder irgendwas verändern. Keine Ahnung.

Ber: Die sagen wahrscheinlich: Super Tipp. Und zu Hause: Oh Gott. Sie könnten so eine Selbsthilfegruppe für gescheiterte Mütter gründen.

Kl: Das ist gut.

Ber: Sie treffen sich einmal die Woche und reden darüber, wie unmöglich Ihre Kinder sind.

Jetzt wird die Klientin selbst provokativ.

Kl: Wir machen eine Selbsthilfegruppe ‚Gescheiterte Mütter aus helfenden Berufen'.

Ber: Geschiedene scheiternde Mütter aus helfenden Berufen.

Kl: Und dann macht mein Sohn seine Hausaufgaben trotzdem nicht.

Ber: Nö. Aber das ist ja egal. Ihnen geht's dann wenigstens besser. Ist doch eine ganz gute Quote. Sie haben drei Kinder. Bei zweien hat's ganz gut funktioniert. Ein schwarzes Schaf ist immer dabei. Geben Sie ihn doch einfach auf.

Kl *(lacht)*: Scheiße. Das stimmt. Ich hab ja vier Schwestern und jeder hat ein schwarzes Schaf direkt vor meiner Nase. Der Eine kiffend Schulabbrecher.... Ich hab auch ein schwarzes Schaf. Ich hätte es so schön gefunden, wenn...

Ber: ....bei Ihnen alles perfekt laufen würden.

Kl: Nee, wenn der nicht so an die Wand fahren würde.

Ber: Das passiert manchmal. Sie müssen einfach noch mehr Kontrolle ausüben und ihn einsperren.

Kl: Das funktioniert nicht.

Ber: Sie könnten Ihren Job kündigen und sich in der Schule neben ihn setzen und genau gucken, ob er alles richtig macht.

Kl *(lacht)*: Das hat meine Schwester gemacht.

Ber: War das der, der jetzt abgebrochen hat. Der Kiffer?

Kl: Ja.

Ber: Die hat es nicht genug gemacht. Nicht 24 Stunden am Tag.

Kl *(lacht)*: Oh Gott.

Ber: Wie, oh Gott. Das ist die einzige Lösung. Man kann den ja offensichtlich nicht alleine lassen. Der macht ja, was er will. Das verzogene Stück.

Kl *(lacht):* Dieser Therapieansatz ist anstrengend. Das ist total anstrengend.

Ber *(tut überrascht):* Finden Sie? Ich finde nicht.

Alle lachen.

Ber: Also das ist auch keine Lösung für Sie. Es gibt keine Lösung für diesen Versager. Der wird computersüchtig enden. Vielleicht schafft er eine Würstchenbude. Kloputzer werden auch immer gesucht. Irgendsowas. Er hat ja Sie. Sie haben studiert, Sie sind Psychologin...

Kl *(lachend)*: Seine älteren Geschwister könnten sich auch kümmern.

Ber: Die können sich alle kümmern. Warum sollte der was tun? Ist doch klasse, wie der das macht. Der hat zwei Geschwister, eine Mutter. Der Vater taugt offensichtlich nix, aber vielleicht ist der ja auch noch irgendwie da. Sie haben einen Mann. Hat der auch noch Kinder?

Kl: Ja.

Ber: Und die funktionieren?

Kl: Ja. Ganz brave angepasste Menschen. Sind gut in der Schule. Räumen ihr Zimmer auf.

Ber: Finden Sie einen Sündenbock.

Kl: Ok. Mein Ex-Mann ist schuld.

Ber: Der hat wahrscheinlich irgendeinen Scheiß gebaut, dass der so geworden ist. Sie können ihm ja sagen: Du bist wie dein Vater. Das kommt auch gut.

Kl: Nein.

Ber: Da gibt es keine Lösung. Machen Sie noch ein Kind. Wie alt sind Sie?

Kl: 46.

Ber: Da geht das vielleicht noch.

Kl: Neee. Lieber Enkelkinder.

Ber: Machen Sie noch eins. Das wird dann so angepasst wie die Kinder von Ihrem Freund. Ein ganz liebes Mädchen, das perlenfädelnd in der Ecke sitzt und alles macht, was Sie sagen. So was: Ich hab wieder eine 1, Mami. Ist Ihre Tochter so? Auch nicht, oder?

Kl (lacht): Nein. Meine drei sind alle sehr sehr besonders.

Ber: Schön ausgedrückt.

Kl: Sind sie wirklich.

Sie sagt mir am Ende: Was Sie wirklich erreicht haben, ist eine liebevolle Verteidigungsschlaufe für meine drei Kinder inklusive meinem Sohn. Die Löwenmutter.

Fallbeispiel 6 (C. Cordes): Kann ich provokativ arbeiten, wenn ich selbst im Rollstuhl sitze?

Ber: Was ist Ihr Problem?

Kl: Ich habe lange darüber nachgedacht, wie ich das formulieren soll… Als ich die ersten Seminare hier bei Ihnen gemacht habe, habe ich ziemlich schnell gemerkt, dass das wirklich etwas ganz Tolles für mich ist, dass ich super gerne so arbeite und das nach außen tragen will. Also habe ich mir vor ein paar Monaten ein Herz gefasst und meine Webseite gelöscht außer dem Logo und einem Satz. Nach dem Motto: Das Leben ändert sich. Und jetzt muss ich die ganze Webseite neu gestalten. Und wer mit mir Kontakt haben will, kann sich da hinwenden und für alle Fälle nochmal meinen Flyer anfordern. Das war im Januar. Ich hatte den Plan, das Ding dann Anfang Februar fertig im Netz zu haben und es ist bis heute nicht drin.

Anmerkung: Einige Monate sind vergangen.

Ber: Sie sind halt einfach ein bisschen faul. Träge.

Kl: Das dachte ich auch. Aber ich habe gemerkt, dass mich da irgendwas blockiert, mein neues Konzept aufzuschreiben.

Ber: Seit zehn Jahren haben Sie das Konzept fertig, und dann stehen zwei Sätze im Netz.

Kl: Mhm.

Ber: Sie haben ja noch Zeit. Wie alt sind Sie?

Kl: 46

Ber: Na, sehen Sie, dann haben Sie noch ein paar Jahre Zeit bis zur Rente und dann können Sie so lange überlegen bis Sie dann den perfekten Satz für die Webseite haben.

Kl: Genau. Und dann kommt 42 raus.

Ber: Genau. Schreiben Sie einfach 42 drauf. Dann weiß jeder Bescheid.

Kl: Ich hab zumindest schon mal ein neues Logo. Eine Chili Schote.

Ich greife das Chili-Bild auf und spiele damit.

Ber. Eine Chili Schote. Also ganz was Scharfes. Sie können ja auch ein Nacktfoto von sich mit einer scharfen Chili Schote reinstellen.

Kl: Über die Brüste?

Ber: Ja. Genau. Über die Brüste so eine Chili Schote. Und sagen: Ich werde jetzt scharf und provokativ.

Kl: Ich sollte meinen Beruf noch dazu schreiben.

Ber: Das sollten Sie vielleicht.

Kl *(lacht laut)*: Also, was ich halt merke ist, dass ich das unbedingt will. Ich glaub', ich bin auch nicht faul. Ich glaube, ich kann das schon ganz gut.

Ber: Aber Sie haben noch nicht den perfekten Text gefunden.

Kl: Nein. Ich hab' das Problem, dass ich mich irgendwie nicht traue, mich so zu zeigen.

Ber: Sie wollen lieber so eine ganz liebe Therapeutin sein…

Kl: Total. Und vor allem absolut ernstzunehmend.

Ber: Total. Und deswegen müssen Sie noch ein bisschen warten, bis Sie dann soweit sind, sich zu trauen, sich so reinzustellen. Das kann dauern. Wie alt wollen Sie werden?

Kl: Mitte 80.

Ich bringe Zukunftsszenarien, indem ich ausmale, was im Alter passiert, wenn die Klientin das Problem beibehält.

Ber: Dann haben Sie ja noch ewig Zeit. Sie können das ja auch mit 81 noch machen. Sie können, bis Sie 81 sind, überlegen, was Sie da noch reinschreiben.

Kl: Mmmmm.

Ich übertreibe maßlos, um die Klientin zum Relativieren ihres Problems zu bringen.

Ber: Jedes Jahr einen Satz mehr. Der muss dann aber perfekt sein. Sie brauchen massenhaft Berater, die Sie beraten. Haben Sie Berater?

Kl: Das Thema hatten wir gestern in der Gruppenarbeit auch. Dass ein Berater nicht reicht.

Ber: Eben. Sie brauchen mehrere. Sie haben ja schon eine Assistentin *(Anmerkung: Sie kann nichts selbst machen. Sie braucht 24 Stunden Betreuung, weil sie außer ihrem Kopf fast nichts bewegen kann).* Vielleicht können Sie die auch noch animieren. Haben Sie noch mehr Leute, die Ihnen helfen?

Kl: Eine Grafikerin könnte mir helfen. Die kann die Chili-Schote an die richtige Stelle setzen.

Beide lachen.

Ber *imitiert die Klientin*: ‚Nein. Die muss jetzt noch einen Millimeter weiter nach oben…'
Kl: Ja genau.

Ber: Und ein Jahr später rücken Sie sie noch ein bisschen weiter nach links.

Kl: Ich will ja eigentlich Kunden kriegen damit. Ich will mich zeigen nach außen.

Ber: Umso wichtiger, dass es perfekt ist.

Kl: Ja.

Ber. Ja. Genau. Umso wichtiger, dass es genau der richtige Satz ist. Da können Sie nicht einfach irgendwas reinschreiben. Das geht nicht.

Kl: Sie meinen, ich könnte da jetzt irgendwas hinschreiben.

Ber: Neee. Eben nicht. Das muss ganz fundiert und gut recherchiert sein. Sie sind ja auch ein kluger Kopf. Sie wissen viel. Und Sie müssen jetzt erstmal lang recherchieren bis Sie genau wissen, dass genau der richtige Text da steht, dass auch wirklich alle wissen, dass sie zu Ihnen kommen…

… Und Sie müssen sich trauen.

Kl: Da glaube ich liegt der Hund begraben.

Ber: Das ist auch gefährlich.

Kl: Ja. Total.

Ber: Was Neues anzufangen. Löschen geht leicht.

Beide lachen.

Kl: Hab‘ ich auch gemerkt. Ja.

Ber: Aber jetzt was Neues da reinzustellen…

Kl: Ich seh da jetzt so mein altes Webdesign. Ganz spießig und brav mit Steinchen und pastellig angehaucht. Das entspricht mir gar nicht mehr. Ich bin das gar nicht mehr.

Ber: Jetzt kommt der Pfeffer da rein. Die Chili-Schote.

Kl: Ja. Die Chili-Schote.

Ber: Ja. Genau. Aber das ist gefährlich. Wer weiß. Vielleicht kommen die dann, die ganzen Klienten und die sind dann so überrascht, dass Sie anders sind, dass sie gleich wieder gehen.

Kl: Ich wäre ja froh, wenn sie schon mal kommen.

Ber: Sie haben jetzt gar keine Klienten?

Kl: Doch.

Ber: Die Alten. Die Niedlichen.

Kl: Im Prinzip sind es jetzt noch die Alten von damals. Genau. Aus der Zeit.

Ber: Aber die Neuen. Die kommen nicht mehr. Und die Neuen gehen dann auch noch weg, wenn Sie jetzt plötzlich was Anderes machen. Dann verlieren Sie die Alten und die Neuen kommen nicht mehr. Die denken: Das passt nicht zu Frau XY, dass die plötzlich so wild wird.

Kl *(seufzt)*: Richtig. Ich hab zwei so Boxen an meiner Praxistür mit Flyern drin. Und ich dachte mir, einen für die Psychotherapie und einen für die Provokative Therapie.

Ber: Sie sind Psychotherapeutin?

Kl: Ich bin eigentlich Theologin, aber Heilpraktikerin in Psychotherapie und Gestalttherapeutin. So arbeite ich auch total gerne, aber dazu gerne noch mehr mit Provokativem.

Ber: Warten Sie noch ein bisschen. Üben Sie noch ein bisschen. Mit allen, die so um Sie rum sind. Privat. Verlangen Sie auch kein Geld dafür. Bis Sie es perfekt können. Und dann können Sie sich trauen, ein bisschen was ins Netz zu stellen.

Kl: Bisschen…

Ber: Nicht zu schnell. Sie müssen sich WIRKLICH Zeit lassen.

Kl: Ok…

Ber: Das muss wohlüberlegt sein.

Kl: Mmmm…

Sie kommt ins Grübeln.

Ber: Mit Mitte 40. Das ist zu früh. Als provokativer Berater gilt folgendes: Je älter desto besser. Dann hat man diese Seniorenaura. Die haben Sie noch nicht. Sie sehen noch so jugendlich aus. Sie sind viel zu jung für so was.

Stille.

Kl: Ich habe gerade die Noni Höfner hinter Ihnen im Blick.

Anmerkung: Die Sitzung fand als Live Demo in einem Seminar statt, das ich mit meiner Mutter Noni Höfner gemeinsam gehalten habe.

Ber: Die ist älter. Die sieht älter aus.

Lachen.

Ber: Die hat auch erst mit Mitte 40 angefangen, so was zu machen. Ich bin ein bisschen abartig. Aber das stört ja nicht.

Kl: Sie fallen aus Ihrer Art.

Anmerkung: Ich war bei dem Gespräch 38 oder 39. Deswegen ist es umso absurder, dass ich ihr davon abrate.

Ber: Ja. Das ist was anderes. Ich finde jedenfalls, dass man als provokativer Berater eigentlich älter sein muss als 40. Das ist ja gefährlich. Und wenn Sie so was Gefährliches machen… Ab 60 geht das dann.

Kl: Ab 60… Ich glaube, das Alter ist für mich nicht das Problem. Ich hab wirklich Schiss, dass die Leute mich, wenn sie mich im Rollstuhl sehen, eh schon irritiert sind und wenn ich dann noch anfange so einen Scheiß zu erzählen…

Ber: Dann werden Sie auch noch provokativ. Das ist zu viel.

Kl: Dann werde ich gar nicht mehr ernst genommen. Das ist, glaube ich, wirklich meine Sorge.

Ber: Die sind eh‘ schon geschockt, wenn sie Sie sehen.

Kl: Genau. Und dann noch so was…

Ber: Und dann auch noch provokativ. Dann kommt aus dieser zarten Person, die so unglaublich nett aussieht, ein Knaller raus. Aus der Ecke. Die springen aus dem Fenster.

Kl: Dann denken die, ich bin auch noch geistig gestört…

Ber: Eben.

Beide lachen.

Kl: Das ist echt verrückt, aber ich glaube, das ist meine Grundsorge.

Ber: Zu recht.

Anmerkung: Ich habe keinerlei Beißhemmung vor Menschen mit

Behinderung. Wenn Sie das als Berater haben, wird es schwierig provokativ zu werden, weil Sie in eine Schonhaltung verfallen. Aus einer solchen Schonhaltung heraus ist es so gut wie unmöglich, provokativ zu werden.

Kl: Ich weiß.

Ber: Die kommen dann rein... Ich meine, die alten Klienten, die haben Sie wahrscheinlich schon seit zwanzig Jahren…

Kl: NEIN!!!

Ber: …die haben sich zehn Jahre daran gewöhnt, dass Sie im Rollstuhl sitzen und kriegen nicht mehr jedes Mal einen Anfall, wenn sie Sie sehen.

Kl: Das stimmt.

Ber: Die wissen jetzt langsam, wie sie damit umgehen.

Kl: Die kennen das schon. Ja.

Ber: Ja. Genau. Und bei denen könnten Sie es testen.

Kl: Ja. Das hab ich schon gemacht. Das hat auch ganz gut funktioniert.

Ber: Die Neuen können Sie auch vorbereiten. Sie könnten erstmal Blümchentherapie weitermachen mit den Neuen. Dann gewöhnen sie sich zehn Jahre dran, dass Sie so arbeiten UND gewöhnen sich an den Rollstuhl…

Lachen.

Ber: Und dann hauen Sie es 'raus. Aus dem Hinterhalt. ‚Moment, ich fahr mal kurz hinter Sie.' Brrrrrr *(ich mache vor, wie sie mit dem Rollstuhl hinter die Klienten fährt)*. Haha. Puff.

Kl *lacht*: Dann kommt die Chili-Schote.

Ber: Dann kommt die Chili-Schote. ‚Moment, ich hol‘ mal meine Chili-Schote. Augenblick, warten Sie kurz!‘ Ja.

Lachen.
Stille.

Ber: Ich finde das eine super Idee.

Kl: Ja. Stimmt eigentlich.

Ber: Oder Sie legen sich was drüber, dass die Klienten gar nicht sehen, dass Sie im Rollstuhl sitzen.

Kl *(lacht)*: Ja.

Ber: Sie reden nur provokativ.

Kl: HuiBu, das kleine Gespenst.

Ber: Da fragen die sich ‚Was haben Sie für eine komische Form?‘ Sie sagen: ‚Das ist so. Ich sitz auf einem Stuhl. Ignorieren Sie das einfach.‘

Kl: ‚Ich bin gar nicht da.‘

Ber: Es gucken nur die Augen raus. Dann können Sie provokativ werden. Und irgendwann reißen Sie dieses Tuch weg und sagen: ‚Hahaha!!‘

Lachen.

Ber: Dann haben sie sich aber schon an Ihre Provokationen gewöhnt.

Kl: Ja genau. Dann hätte ich meine Webseite ja gar nicht löschen müssen.

Ber: War da ein Foto von Ihnen drauf?

Kl: Ja. Gut. Das wäre jetzt nicht das Problem. Aber da hätte ich den Blümchentext auch lassen können.

Ber: Oder Sie machen kein Foto und Blümchentext... mit Tuch drüber.

Kl lacht.

Ber: Sie können so freundlich gucken. Sie können auch das ganze Gesicht offen lassen. Das geht auch. Aber wenn Sie den Rollstuhl verstecken wollen, dann würde ich das wirklich machen mit dem Tuch drüber.

Jetzt wird die Klientin selbst provokativ…

Kl: So was wie eine Burka für Rollstuhlfahrer.

Ber: Genau. So was. Und dann hauen Sie Ihre Provokationen 'raus.

Kl: Genau.

Ber: Oder Sie stellen sich so eine Wand davor.

Kl: Ich könnte auch einfach übers Telefon oder Internet arbeiten.

Ber: Ja.

Kl: Per Skype. Dann sieht es keiner.

Ber: Per Skype sieht man es ja schon…

Kl: Bis zur Brust.

Ber: Ja. Stimmt. Dann sieht es keiner.

Kl: Mhm.

Ber: Das wäre doch auch eine Idee.

Kl: Und dann nehmen die mich auch ernst. Guter Tipp.

Ber: Die kriegen ja wirklich die Krise, wenn sie Sie sehen. Sie haben da zu Recht die totale Panik.

Kl: Mhm…

Ber: Vor allem, wenn Sie sie dann so nett angucken. Sie sind so freundlich. Das ist unglaublich.

Kl: Ich weiß, wie provokative Therapie funktioniert. Das erzählen Sie mir jetzt bloß.

Ber: Dass Sie freundlich gucken? Sie meinen, eigentlich denke ich, dass Sie richtig böse aussehen?

Kl: Mhm.

Ber *(nicht provokativ)*: Ich empfinde Sie als wahnsinnig freundlich. Schon seit ich Sie kenne. Wie lange kennen wir uns jetzt schon?

Beide lachen.

Kl: Zwei Jahre?

Ich werde wieder provokativ.

Ber: Zwei Jahre. Und am Anfang dachte ich ‚Die ist böse.'

Kl: Mhm.

Ber: Und die guckt auch immer so grimmig.

Kl: Mhm.

Ber: Und die ist auch so unattraktiv.

Kl *(lacht und ist gerührt. Ihr kommen fast die Tränen)*: Ahhh!... Dankeschön.

Alle lachen.

Ber: Was ist also das Problem? Ist doch eine tolle Lösung. Verstecken können Sie sich immer.

Kl: Dann fall‘ ich auch nicht auf.

Ber: Eben. Dann fallen Sie nicht weiter auf. Sie machen mit ihren alten Blümchentherapieklienten Provokatives. Die kennen Sie. Da brauchen Sie auch kein Tuch drüber legen. Und mit den Neuen, da verstecken Sie sich irgendwie und lassen nur die Körperteile rausgucken, bei denen Sie nicht erschrecken. Augen, Mund, Gesicht…

Kl: Ich stelle einen Beichtstuhl in die Praxis mit so einem Gitter.

Ber: Jaaa. Genau. Die wundern sich dann vielleicht ein bißchen, aber das macht ja nichts.

Kl: Ich bin ja Theologin.

Ber: Eben. Sie sagen, dass Sie Theologin sind und das das so sein muss. Dann sind die Klienten noch überraschter, wenn Sie provokativ werden.

Kl: Oh Gott.

Alle lachen.

Ber: Oh Gott. Ja genau. ‚Das muss so sein!‘ Und irgendwann, so nach der 500. Stunde, machen Sie dann das Gitter ein bißchen auf und fragen: ‚Wollen Sie mal gucken?'

Kl *(kichert)*: Genau.

Ber: Wollen Sie den Kopf mal durchstecken?

Kl: Bei 500 Sitzungen muss ich aber mein Honorar anpassen. Irgendwie. Nach unten. Das zahlt ja keiner. Ich wollte es eigentlich nach oben anpassen, dass ich weniger Sitzungen machen muss.

Ber: Dann habe Sie aber wieder ein Problem. Dann müssen Sie sich die ganze Zeit verstecken, weil die Klienten sonst geschockt sind.

Kl: Ach so… O.k.

Beide lachen.

Ber: Also, was ist das Problem? Wir haben doch eine tolle Lösung gefunden…

Kl *(lacht)*: Die Burka für Rollstuhlfahrer. Den Beichtstuhl… Die Burka im Beichtstuhl.

Ber: Dann ziehen Sie erst die Burka aus und dann kommen Sie aus dem Beichstuhl.

Kl: Bereit zum interreligiösen provokativen Dialog.

Lacht.

Kl: Das ist ein guter Text für die Webseite.

Ber: Ja. Den müssen Sie sich gleich merken.

Kl: Ja. Ich verberge mich erst und mache meine Blümchentherapie und irgendwann hol ich dann die Chili-Schote raus.

Ber: Wenn Sie sich verbergen, brauchen Sie ja keine Blümchentherapie mehr. Dann können Sie ja gleich die Dinger raushauen.

Kl: Ach so.

Ich fasse provokativ zusammen…

Ber: Entweder Sie zeigen sich im Rollstuhl und machen Blümchentherapie und werden dann erst nach der fünfundzwanzigsten Stunde provokativ oder Sie verbergen sich und sind gleich provokativ. Was anderes gibt es nicht. Das ist die einzige Lösung. Es kommt nicht in Frage, dass Sie sich gleich im Rollstuhl zeigen und sofort provokativ werden.

Kl *(schmunzelnd)*: Stimmt. Das kann ich keinem zumuten. Überforderung.

Ber: Die kriegen einen Herzinfarkt.

Kl: Ja, diese Nicht-Behinderten, die muss man schonen.

Ber: Sie nehmen nur noch Rollstuhlfahrer.

Kl: Ja. Die halten das aus.

Ber: Sie sagen ‚Ich nehme nur noch Rollstuhlfahrer als Klienten!'

Kl: Genau. Die anderen sind zu empfindlich für mich.

Ber: Die anderen sind zu sensibel. ‚Suche Rollstuhlfahrerklienten, die nicht geschockt sind, wenn ich keine Blümchentherapie mache.' Das schreiben Sie auf Ihre Webseite.

Kl *(lacht)*: Das ist gut. Das ist ein Geschäftsmodell für mich.

Ber: Ich finde das super.

Kl *(lacht)*: Ja. Total. Danke.

Ber: Dann können Sie weitermachen und sagen: ‚Ich nehme Rollstuhlfahrer, die vielleicht manchmal aufstehen können'. Das ist der nächste Schritt. Und dann nehmen Sie die, die auf Krücken laufen können. Sie steigern sich immer ein bißchen. Und irgendwann können Sie sich an die laufende Gesellschaft wenden. Die, die normal rumlaufen.

Kl: Dann bin ich gesellschaftsfähig.

Ber: Dann sind Sie gesellschaftsfähig.

Kl *(schmunzelnd)*: Aber das dauert noch ein bißchen. Mit 70 dann.

Ber: Ja. Mit Ihrer Angst. Das dauert noch. 70 ist realistisch. Also noch… 24 Jahre.

Kl: In vierzehn Jahren. Da bin ich 60. Oh Gott.

Ber: Sie haben gesagt mit 70. Mit 60 ist viel zu früh. Nicht zu schnell!

Kl: Das beruhigt mich jetzt. Also 24 Jahre habe ich noch…

Ber: Oder Sie machen bis dahin selber Therapie, um die Angst abzubauen, gleich provokativ zu werden, im Rollstuhl für Nichtrollstuhlfahrer.

Kl: Das bedeutet, ich könnte meine Praxis jetzt auch schließen.

Ber: Sie könnten sie auf Eis legen. Sie tun eine Chili-Schote rein und sagen: ‚Auf Eis gelegt bis in 24 Jahren.'

Kl: Betriebsurlaub.

Ber: Oder Sie setzen jemand anderen auf Ihren Platz. Jemand, der nicht im Rollstuhl ist und verstecken sich und flüstern dem von hinten immer ein, was er sagen soll.

Kl: Wie ein Bauchredner.

Ber: Das müssen Sie dann vorher üben, dass er den Mund immer genau so bewegt wie Sie ihm das einflüstern.

Kl: So eine Art präsentationsfähiger Therapeut.

Ber: So was. Genau. Der ganz normal aussieht. Bei dem man keinen Schock kriegt. Den man herzeigen kann.

Kl: Meine Mutter hat immer zu mir gesagt, dass ich nicht auffallen soll. Wie bitteschön falle ich nicht auf. Das geht ja gar nicht.

Lautes Lachen aus der Gruppe.

Kl: Ich hab dreißig Jahre auf meine Mutter gehört. Oder so. Jetzt reicht es dann aber auch. Die Lust am Auffallen hab ich erst entdecken müssen… Und trotzdem ist es schwer, mit etwas, was mir wirklich was bedeutet, nach draußen zu gehen. Und es ist total wohltuend gewesen, mit Ihnen so abzulästern. Wie ich genau das vermeiden könnte. Das war richtig gut. Und ich habe Lust, das mal auszuprobieren.

Ber: Mit 70.

Kl *(lachend)*: Ach kommen Sie. Nein. Mit 60. Darauf können wir uns einigen. Und ich guck da drauf und frage mich: ‚Wo ist jetzt nochmal das Problem gewesen?'

Ber: Keine Sorge. Morgen ist es wieder da. Da sind Sie wieder ganz die Alte.

Eine Woche Später schrieb die Klientin mir eine E-Mail mit dem Link zu Ihrer veränderten Homepage. Sie warb nun ganz offen mit provokativen Sitzungen.

Fallbeispiel 7 (C. Cordes): Meine Tochter ist zu dick

Die Klientin ist eine toughe, schlanke Frau, Mitte 40.

Ber: Sagen Sie doch bitte nochmal Ihren Vornamen. Ich bin blond und habe Sie sicher schon dreimal gefragt…

Kl: Nein. Haben Sie nicht.

Ber: Sehr gut.

Kl: Ist in Ordnung.

Ber: Was ist Ihr Problem?

Kl: Also, es ist folgendes. Ich hab zwei Töchter.

Ber: Oh Gott. Ja. Das ist schon mal ein Problem.

Beide lachen.

Anmerkung: Ich hake sofort ein, um den Klienten schon in den ersten Minuten zur Selbstreflexion zu ‚zwingen'. Oft kommen Klienten und wollen erstmal ihre vorgefertigten Reportagen über ihr Problem loswerden. Diese Reportagen sind in der Regel nicht mehr emotional geladen, weil sie sie bereits vielen Menschen erzählt haben. Schnelles Einhaken hilft, um den Klienten aus dem Kopf wieder in den Bauch und somit ins Gefühl zu bekommen.

Kl: Die sind 16 und 18. Die Ältere, die 18-Jährige, ist ziemlich übergewichtig.

Ber: Also, die ist fett.

Kl: Ja, fett würde ich jetzt nicht sagen. Sie wiegt so ungefähr hundert Kilo.

Ber: Ja, das ist ja schon… Puuuh.

Kl: Ja, ist schon…

Ber: Wie groß ist sie?

Kl: Ein Stück größer als ich.

Ber: Ist ein Wumba. So ein richtiger Pffffff… *(ich mache dicke Backen und ein Fettgeräusch)*

Kl: Ja. Es hält sich noch in Grenzen, aber es ist schon schwierig, nette Klamotten zu finden und die Bewegung fällt schwer usw…

Ber: Und die Tochter leidet darunter oder Sie?

Kl: Ich glaube, mehr ich. Auf jeden Fall.

Ber: Mehr Sie.

Kl: Und die andere Tochter ist sehr bewegungsfreudig und dünn und hübsch. Und da ist zum einen eine Konkurrenz zwischen den Beiden…

Ber: Sie haben also eine fette, hässliche Tochter und eine junge, dünne, hübsche Tochter…

Klientin lacht.

Ich werde wieder pauschal, weil die Mutter um den heißen Brei herumredet… Ziel wie immer: Ich werde pauschal. Die Klientin soll differenzieren. Nicht umgekehrt. Das erreicht die Emotionen des Klienten stärker. Ganz wichtig (das kann ich nicht oft genug wiederholen): Denken tue ich wie immer nicht, was ich sage, sonst wären die Provokationen nicht mehr wohlwollend, sondern zynisch und ätzend. Die Klientin würde dann nicht lachen, sondern sauer werden.

Ber: Wissen Sie, mit Ausschuss müssen Sie rechnen bei Kindern.

Kl: Mhm.

Ber: Sie kriegen mehrere. Die sind verschieden. Eine ist gelungen, eine ist halt einfach nix geworden.

Kl (*lachend*): Genau. Eine ist nix geworden. Da hab ich mir nicht viel Mühe gegeben. Da hab ich total versagt. Scheiß Mutter.

Die Klientin ist sehr entspannt gerade.

Ber: Ist der Mann auch dick?

Kl: Nee. Der ist auch schlank. Auch sportlich.

Ber: Jetzt müssen Sie die Tochter reparieren. Sie müssen an sie hinarbeiten, bis sie endlich mal kapiert, dass die dünn sein muss. Die passt sonst nicht in Ihr Bild. Stellen sie sich mal vor auf einem Familienbild. Drei so hübsche junge Menschen und ein fetter Flatsch daneben.

Kl: Genau.

Ber: Scheiße.

Kl: Und wissen Sie, das Problem ist auch irgendwie, ich würde total gerne sagen: ‚Komm', ist nicht mehr mein Ding. Ich hab 18 Jahre lang echt viel gemacht. So.' Und in diesem Dilemma steck' ich. Wissen Sie.

Ber: Da ist die Nabelschnur.

Kl: Ja.

Ber: Das ist Ihr Schatziputzikindchen und Sie haben was falsch gemacht. Sie haben ihr wahrscheinlich zu früh Zucker gegeben. Sie haben sie zu kurz oder zu lang gestillt.

Kl: Das ist das Thema. Also wirklich.

Ber: Rabenmutter.

Kl: Ich glaube das echt. Sie hat in den ersten zwei Wochen so gut wie nicht zugenommen. Die hat zu wenig Milch beim Stillen bekommen.

Ber: Ha. Jetzt haben wir es.

Kl: Das bin gar nicht ich, sondern das ist die Ursache.

Ber: Sie sind schuld mit Ihrer komischen Milchproduktion. Ihre Busen sind schuld. Da kam nix raus und dann haben Sie zugefüttert und deswegen ist sie jetzt ein dicker Klops geworden.

Kl: Ja genau.

Ber: Da können Sie nix ändern. Das ist jetzt einfach so. Versagt für immer.

Kl: Mhm. Meinen Sie, da besteht jetzt gar keine Hoffnung mehr? *(leicht ironisch…)*. Mit 18 ist jetzt vorbei.

Ber: Ist vorbei. Ja.

Kl *(seufzend)*: Ja. Ist schwierig.

Ber: Sie könnten ja auch jetzt Ihr ganzes Leben versuchen, sie in Therapien zu schleppen, Diäten mit ihr zu machen…

Kl: Mhm… Wir haben ja schon Ernährungsberatung…

Ber: Sie beide? Also Sie haben sie hingeschleppt und ihr gesagt ‚Du musst jetzt Ernährungsberatung machen'.

Kl: Ja, wir zusammen. Sie hatte schon Interesse. Aber natürlich war ich diejenige, die da den Motor angetrieben hat.

Ber: Wie heißt sie nochmal?

Kl: Julia.

Anmerkung: Name natürlich geändert.

Ber: Julia.

Kl: Genau.

Ber: ‚Julia, du bist zu dick, du musst jetzt abnehmen.‘

Kl: Genau so.

Ber: Und sie denkt sich wahrscheinlich ‚Ooooooh!!!‘ *(ich gucke total genervt und mache die genervte Julia nach)*

Kl: Ja. Sie denkt ‚Hör endlich auf mit dem Scheiß!‘

Ber: ‚Ich bin zwar dick, aber halt die Fresse!‘

Kl: Ganz genau.

Ber: Das denkt sie. Das sagt sie natürlich nicht.

Kl: Ich schaffe aber nicht, die Fresse zu halten, weil…

Ber: Ist auch richtig so. Sie haben ja damals versagt und Sie sind die Mutter und Sie müssen sich für immer aufopfern. Bist Sie das ausgebügelt haben, bis Julia dünn ist. Das finde ich genau richtig. Das sollten Sie auch tun. Jetzt ist die 18. Sie ist jetzt volljährig.

Kl: Mhm. Und dann geht sie noch nach Amerika als Au-Pair-Mädchen.

Ber: Dann wird sie ja noch fetter. Ach du Scheiße.

Lachen.

Kl *(lacht)*: Ich sollte sie da am besten jede Woche besuchen und kontrollieren.

Ber: Geben sie ihr Rezepte mit. Schicken Sie ihr jede Woche Carepakete mit Essen. Sagen Sie der Familie, dass sie sie vom Essen abhalten soll. Sie müssen sie einsperren und immer nur zum Essen rausholen. Sie müssen ihnen Instruktionen geben. Stellen Sie sich mal vor, Julia wiegt danach 150 Kilo. Wie lange geht sie dahin?

Kl: Ein Jahr.

Ber: Scheiße. Und die USA sind der Killer, was Ernährung angeht. Ich habe diese Erfahrung auch gemacht und acht Kilo zugenommen als ich ein halbes Jahr dort war.

Es ist erlaubt und durchaus erwünscht, auch eigene Geschichten mit zu integrieren. Sie dürfen als provokativer Berater normaler Mensch sein und keine unemotionale Sphinx, die sich komplett raushält.

Kl: Ja, ich weiß.

Ber: Da nimmt sie zu ohne Ende.

Kl: Mhm.

Ber: Wann geht sie dahin?

Kl: Im August.

Ber: Sie könnten sie vorher noch in ein Boot Camp schicken. So ein Sport Boot Camp. Irgendwo in die Wüste, wo alle am Tag nur ein Salatblatt essen. Dann wiegt sie wenigstens nach diesem Jahr USA nicht mehr als vorher, weil sie vorher dort nochmal abgenommen hat. Die kriegt das ja auch nicht alleine auf die Reihe.

Kl: Mhm.

Ber: Eben. Fahren Sie mit. Sie müssen mitreisen. Sie kann nicht alleine in die USA gehen. Ziehen Sie dort mit ein in ihr Zimmer und begleiten Sie sie Tag und Nacht. In die Uni, ins College, in die Familie. Was ist das Problem? Sie geben sie einfach nicht auf. Gehen Sie mit. Fahren Sie mit. Bleiben Sie bei ihr und unterstützen Sie sie. Sie sind eine gute Mutter, weil Sie haben in den ersten zwei Lebenswochen von Julia einen gravierenden Fehler gemacht.

Kl: In der entscheidenen Phase.

Ber: In der entscheidenden Zwei-Wochen-Phase als Säugling haben Sie einfach versagt und das müssen Sie jetzt ein Leben lang ausbügeln. Und dieses Miststück will das einfach nicht, dass Sie sich kümmern.

Pause. Stille.

Kl: Genau.

Ber: Undankbares Kind. ‚Ich habe dich in den ersten zwei Wochen gemästet und jetzt dankst du mir das so. Lass mich dir helfen!!!! LASS MICH DIR HELFEN!!!! Julia!!! Bis ans Ende meiner Tage!'

Kl lacht.

Ber: Was macht die denn, wenn Sie tot sind? In 50 Jahren…Wie alt sind Sie denn jetzt?

Kl: Ich bin 48.

Ber: Und wie alt wollen Sie werden?

Kl: Hmmmm. 90.

Es ist immer gut, danach zu fragen, wie alt jemand werden möchte, weil man dann die Problematik in der Zukunft mit einbeziehen kann. ‚Was passiert, wenn das die nächsten 30, 40, 50 Jahre so weitergeht…' Da entstehen oft schöne Bilder, die beim Klienten haften bleiben.

Wie sieht die Klientin in 40 Jahren aus, wie die Tochter... wenn es so weitergeht wie bisher. Oft eine Horrorvorstellung für die Klienten. Diese Horrovorstellung löst Widerstand aus, nach dem Motto: ‚Das will ich auf keinen Fall noch 30, 40, 50 Jahre machen!'

Ber: Also haben Sie noch eine Weile...

Kl: Ich hab noch ein bisschen Chancen.

Ber: Also, wenn Sie mit 90 sterben, wiegt Julia 250 Kilos.

Ich spiele ihr vor, wie dick Julia dann ist, mache die Backen dick, mach mich breit und groß.

Kl: Ja.

Ber: Das wabbelt dann so vom Stuhl runter.

Kl *(ist sehr still)*: Ja. Ist irgendwie Scheiße, oder?

Ber: Ja. Aber Sie haben ja noch ungefähr 50 Jahre Zeit, dieses Problem zu lösen.

Kl: Das stimmt.

Ber: Also heften Sie sich an ihre Fersen. Suchen Sie ihr einen Mann, der sich dann kümmert, dass sie weiter abnimmt.

Kl: Mmmm. Gute Idee. Dann kann ich mich ein Stück zurücklegen.

Ber: Eben. Und ich finde es total richtig, dass Sie ein Schuldgefühl haben, weil es ist ja auch Ihre Schuld. Sie haben also vollkommen recht. Haben Sie noch irgendwas falsch gemacht in der Kindheit? Sie haben sie in den ersten zwei Wochen gemästet...Was noch? Wo haben Sie noch versagt?

Kl: Eine Mutter ist ja nie perfekt.

Ber: Naja, aber Sie sind ja noch weniger perfekt als die anderen. Sie haben ja schon ganz am Anfang gleich verschissen. Was ist denn da noch nachgekommen? Haben Sie sie dann in der Schule auch noch gemästet? Oder war sie nach den zwei Wochen schon dick?

Kl: Neee. Ist eher in der Pubertät schlimmer geworden.

Ber: Da ist sie explodiert.

Kl: War immer so ein Thema vorher, aber nicht so gravierend.

Ber: Waren Sie mal dick?

Kl: Nicht wirklich.

Ber: Sie sind alle so unglaublich perfekt und schlank und hübsch. Ist Julia vielleicht vom Postboten? Oder von so einem dicken Onkel? Gibt es irgendjemanden in der Familie, der dick ist, der vielleicht der richtige Vater sein könnte?

Kl *(lacht)*: Nein.

Ber: Sie sind sich also sicher, dass das Ihr Kind ist und das Ihres Mannes?

Kl: Genau. Sie hat unsere Gene.

Ber: Epigenetik. Vielleicht ist das übergesprungen vom Urgroßvater.

Kl: Auch nicht.

Ber: Die sind alle schlank?

Kl: Ja.

Ber: Dann liegt es doch an dem Mästen.

Kl: Mhm. Ich glaub auch.

Ber: Oder an irgendwelchen anderen Sachen, die Sie verkackt haben in Ihrem Leben mit ihr. Ist ja auch die Erstgeborene. Die ist so ganz überbehütet und Sie waren immer für sie da und haben ihr dann mal ein Schokolädchen hier und ein Schokolädchen da gegeben…

Kl: Nee. Ich glaube, das war eigentlich genau andersherum.

Ber: Sie haben ihr das immer alles verboten.

Kl: Ja. Eher total wenig.

Ber: Richtig so.

Kl: Richtige Ernährung. Und gesund…

Ber: Und dieses Miststück rebelliert. Die stopft das Zeug jetzt in sich rein bis sie platzt.

Kl: Genau.

Ber: Sie haben sie also nicht zu sehr gemästet, sondern ihr zu wenig Zucker zugeführt. Sie haben ihr zu viel verboten. Ich finde das klasse. Das sollten Sie jetzt weitermachen. Sagen Sie USA doch einfach ab. Die bleibt einfach hier. Sie sperren sie in ihr Zimmer ein.

Kl *(leicht ironisch)*: Das würde ihr bestimmt gefallen.

Ber: Genau. Sie ist ja jetzt schon total happy mit Ihnen, oder?

Kl lacht laut und lange.

Ich höre nicht auf, auch wenn es keine neue Idee ist. Die Klientin ist voll dabei und solange das der Fall ist, bleibe ich bei dieser Idee. Das festigt den Widerstand gegen das Symptom. Viele provokativen ‚Anfänger' denken, sie müssten unendlich viele Ideen haben in den

Coachingstunden. Der Effekt ist dann oft, dass ihnen vor lauter Stress gar nichts mehr einfällt. Keith Johnstone sagte einmal in Bezug auf gute Improszenen auf der Bühne. ‚Mach nichts, nichts, nichts, nichts, dann ein bisschen was und dann wieder nichts, nichts, nichts, nichts.' Das ist am kreativsten. Bleib dabei einfach und naheliegend und guck hin. Das gilt hier genauso.

Ber: Sie müssen es auf jeden Fall weiter kontrollieren. Sie haben es jetzt das ganze Leben kontrolliert, indem Sie es ihr vorenthalten haben. Hat ja auch gut funktioniert, wie man sieht. Ich finde, das sollten Sie weitermachen. Kontrollieren Sie weiter. Die kann das nicht alleine. Sie müssen das weiter vorantreiben, weil sie keine Eigenverantwortung übernehmen kann.

Kl: Mhm.

Ber: Sie ist ja erst 18. Ich bitte Sie… Sie ist noch ein Baby.

Kl: Also eigentlich ist sie ja schon jemand, die richtig viel auf die Reihe kriegt und viele Dinge super macht. Echt. Die geht sehr gut ihren Weg, sehr selbstbestimmt und hat viele Freunde. Sie hat ganz viele tolle Seiten.

Sie sagt zum ersten Mal etwas Positives über ihre Tochter, was nicht mit dem ‚zu dick sein' zu tun hat. Oft ist es bei solchen Themen so, dass der Fokus im Umgang miteinander nur noch auf dieses Thema gerichtet ist und man dem Klienten klar machen kann, dass es da noch andere Dinge gibt, mit denen man sich miteinander beschäftigen kann. Dinge, die ergiebiger sind als das Problem. Das gilt auch für Themen wie ‚Immer räumst du dein Zeug nicht weg' oder ‚Immer kommst du zu spät' usw.

Ber: Nur das Fressen klappt noch nicht. Da müssen Sie noch ein bisschen dran bleiben.

Kl lacht.

Ber: Die kleine Schwester hatte gar keine Chance. Um die haben Sie sich wahrscheinlich gar nicht gekümmert und Sie hat selber ihr Essen gefunden.

Kl lacht sich halb tot.

Ber: ‚Ach du, du bist dünn und hübsch. Geh weg!… Julia, also diese Schokolade isst du nicht. NEIN!' So standen Sie voreinander. Stimmt's?

Kl: Ja, so ähnlich.

Ber: Genau. Sag' ich doch. Und jetzt haben Sie ein Jahr keine Kontrolle mehr. Und vorher haben Sie es nicht geschafft, dass sie dünn ist.

Kl: Das Kontrollthema ist natürlich völlig klar. Das wird mir schwer fallen.

Sie gibt zum ersten Mal selbst zu, dass sie ein Controlletti ist. Das ist viel besser, als wenn ich ihr das ernsthaft gesagt hätte. Dann bin ich der ‚Oberlehrer' und sie geht in die Defensive. Ich lasse das lieber provokativ einfließen, damit sie die Erkenntnis selbst hat (oder auch nicht…).

Ber: Deswegen: Absagen oder mitfahren. Da gibt es keine andere Möglichkeit. Oder schicken Sie einen Spion mit. So einen Geheimdetektiv, der Ihnen jeden Tag berichtet, was sie wieder gegessen hat. So, dass Sie Haare raufend zu Hause sitzen. Oder Sie tauchen bei ihr immer irgendwann auf. Sie fliegen ab und zu mal hin, und sie weiß nie, wann. Wenn sie dann gerade - mache essende Fress- und Schmatzgeräusche -, stehen Sie plötzlich vor ihr mit erhobenem Zeigefinger und sagen: 'JULIA!!!!!' Sie erschrickt und schreit: 'AAAAH! MAMA!!!!' Ich finde das richtig. Die kriegt das ja offensichtlich nicht hin alleine.

Stille.

Ich spiele solche Situationen oft vor mit verteilten Rollen und unterschiedlichen Stimmen. Das bleibt oft besser haften als es einfach nur zu sagen. Wie eine Metapher, ein Bild oder ähnliches.

Kl: Es gibt da schon Ansätze, wo sie auch in die richtige Richtung geht. Fitnesstudio…

Ber: Da haben Sie sie auch angemeldet.

Kl: Nein. Das hat sie alleine gemacht.

Ber *(völlig überrascht)*: Selber?????

Kl: Da habe ich mich nicht eingemischt.

Ber: Wow!

Kl: Ich habe ihr natürlich öfter mal so Angebote gemacht…

Lautes Lachen auf beiden Seiten.

Kl: ….dass ich ihr das gerne bezahle, wenn sie das machen möchte. Aber sie ist dann irgendwann gekommen und hat gesagt: 'Ich will das machen.'

Ber: Sie kommt aus der Schule. Sie stehen schon wieder in der Tür ‚Ich hab schon wieder einen Prospekt' und wedeln ihr damit im Gesicht herum. ‚Ich misch mich nicht ein, aber guck mal her! Ich zahle auch.' Zwei Tage später: ‚Hier hätte ich noch was! Ich hab auch Salat gemacht'.

Kl lacht.

Ber: Ich seh sie vor mir… Ich finde das klasse. Und stellen Sie sich mal vor, Sie hätten dieses Thema nicht mehr. Sie haben so eine perfekte Familie. Wie öde wäre dann Ihr fades, langweiliges Leben.

Kl: Eigentlich nicht. Ich habe viele Hobbys und Interessen.

Ber: Echt???? Haben Sie die noch? Obwohl Sie sich so viel um dieses Kind kümmern müssen.

Kl: Ja, die hab‘ ich tatsächlich noch.

Ber: Ist ja unglaublich. Wie machen Sie das zeitlich?

Kl: Weiß ich auch nicht.

Ber: Sie müssen sich doch 24 Stunden am Tag darum kümmern, was Sie isst oder nicht isst.

Kl: Ich schaffe es ja inzwischen, nicht 24 Stunden mich damit zu beschäftigen.

Ber: Zwei Stunden am Tag. ‚Julia, warte, wir haben jetzt unsere zwei Stunden, in denen wir unseren Vortrag hören. Fitnessstudiobroschüren. Das nicht essen, das nicht essen...‘ Jetzt mach ich mein Hobby.

Kl: Ja.

Ber: Aber zwischendurch smsen Sie schon mal. Ist schon wichtig. Wenn Sie die nämlich aus den Augen lassen, stopft sie sich sofort wieder Schokolade rein. Lang trainiert.

Kl: Genau. Dann treffen sich die Freundinnen zum Filmeabend. Alle essen Pizza.

Ber: Sind die alle so dick?

Kl: Nee. Das ist es ja. Die sind alle rankenschlank. Alle wie Topmodels.

Ber: Die hatten andere Mütter.

Lachen.

Ber: Da lag wahrscheinlich überall die Schokolade rum…

Kl: Das sagen die tatsächlich. ‚Weil du es uns immer entzogen hast, haben wir heute so einen Heißhunger drauf!'

Folgende Rückmeldung kam per E-Mail einen Tag später:
Ich war am Sonntag richtig erledigt nach meiner Livearbeit. Es hat eine ganze Menge in mir ausgelöst. Die Aufzeichnung konnten wir (Anmerkung: Ich habe ihr geraten, dass sie die Aufzeichnung zusammen mit der Tochter anhören soll.) uns noch nicht in Ruhe anhören, aber das werden wir so bald wie möglich tun. Ich werde mich dann noch mal melden.

Diese Rückmeldung bekam ich dann ein paar Monate später per E-Mail:
Es ist wirklich ein Phänomen oder „Hexerei", aber ich habe nach unserer Livearbeit so viel Abstand zu dem Thema bekommen, dass ich meine Tochter nicht ein einziges mal mehr mit dem Problem konfrontiert habe. Mir ist so was von deutlich geworden, dass es überhaupt nicht mehr mein Thema sein kann. Dass ich so entspannt nun damit umgehen kann, ist für mich eine riesige Entlastung. Und zum Thema Depotwirkung; ich habe mir die Arbeit noch einmal nach wenigen Tagen angehört und Ihre tolle Arbeit wirkt immer wieder und immer noch nach. Ich bin echt begeistert von dem Ansatz. Ihnen noch mal ein herzliches Dankeschön dafür.

Fallbeispiel 8 (C. Cordes): Die Perfektionistin

Die Klientin ist eine junge Psychologin, die ihren ersten Job hat und den in einer psychiatrischen Klinik. Sie setzt sich laut seufzend auf den Stuhl. Das Stöhnen greife ich sofort auf und verknüpfe es mit dem Problem.

Ber: Annette *(Name geändert)*, was haben Sie für ein schreckliches Problem?

Kl: Also, ich hab das Problem, dass ich in einer Klinik arbeite…

Ber: Mit lauter so Gestörten.

Kl: Ja. Mit ganz vielen Gestörten. Und das ist eine ziemlich kleine Klinik. Und ich finde das Team super und den Chefarzt super und ich denke, ich muss jetzt auch ganz super sein.

Ber: Sie denken, Sie müssen ganz super sein und sind einfach nicht gut. Die sind alle besser als Sie.

Kl: Genau. So ist es eigentlich. Ich muss eigentlich perfekt sein und muss die Patienten am besten schon beim ersten Mal, wenn ich reinkomme, heilen.

Ber: Ja natürlich. Das ist Ihre Aufgabe. Sie haben diesen Job gewählt. Sie haben lange studiert. Was haben Sie studiert?

Kl: Psychologie.

Ber: Natürlich. Sie sind Psychologin. Sie sind vom Fach. Und jetzt versagen Sie völlig. Die sind alle besser als Sie und Sie kommen da rein und sind ja auch so eine Freundliche, Nette.

Ich greife das Offensichtliche auf.

Kl: Ja. schrecklich.

Ber: Und diese Klienten, die tanzen Ihnen auf der Nase 'rum bis zum Anschlag.

Kl: Und ich denk' dann immer noch, ich muss noch mehr irgendwie…

Ber: Und das riechen die zehn Meter gegen den Wind, und dann kommen Sie da rein und die wissen schon: Ah, da kommt wieder die Annette. Ha. Dann werde ich gleich noch ein bißchen schizophrener, als ich vorher war. Ha. Die hebel ich aus.

Kl: Die sind dann irgendwie auch noch nett zu mir.

Ber: Ja. Oh Gott. Und dann fangen Sie an zu weinen. Dann müssen die Sie therapieren…

Kl: So schlimm war es noch nicht, aber…

Es kommt ein zarter Widerspruch in Folge meiner drastischen Schilderung ihres Auftretens.

Ber: Das kommt noch. Das ist der nächste Schritt. Warten Sie es ab. Sie gehen da jetzt so rein und haben den Riesenstress… Haben Sie schon mal irgendwas geschafft bei denen? Was bewirkt?

Pause.

Ber: Sagen Sie Nein.

Kl reagiert zögerlich und sagt nix. Lacht.

Ber: Wie lange sind Sie da schon?

Kl: Ein gutes Jahr.

Ber: Sie haben einfach den falschen Beruf. Sie können es einfach nicht. Die anderen, diese Professoren, die sind so gut, und der Chef ist gut, und die haben viel mehr Erfahrung, und Sie müssen denen jetzt was beweisen und je mehr Sie denen was beweisen wollen, desto mehr geht es schief.

Kl: Ja genau. Und mir fällt es so schwer, die Leute zu unterbrechen, wenn die dann reden.

Ber: Das sollten Sie auch nicht. Sie müssen ihnen den Raum geben…

Kl: Die reden dann und reden und reden…

Ber: … für die nächsten dreißig Stunden. Die hören dann nicht auf.

Kl: Und ich darf das alles ertragen.

Ber: Und die haben endlich mal jemanden gefunden, der ihnen zuhört. Die Chefs, die lesen wahrscheinlich schon ein Buch dabei und denken sich ‚Oh Gott, jetzt hat er wieder verbalen Durchfall' und Sie sagen ‚Echt!' ‚Wirklich!' ‚Wow!'

Kl: Genau. Und ich muss so tun, als würde es mich interessieren und als würde ich mein ganzes Herz für die öffnen.

Ber: Ist auch richtig so. Das ist die Aufgabe in diesem Beruf. Sie können da nicht mal Nein sagen. Es kann ja sein, dass die Sie dann nicht mehr mögen. Sie wollen ja gemocht werden. Sagen Sie Ja!

Kl nickt und lächelt.

Ber: Und diese Klienten sind fies. Die wissen es genau. Sie sagen dann *(spricht mit weinerlicher Stimme)*: ‚Du hörst mir nicht mehr zu…'

Kl: Ja. Genau.

Ber *imitiert weiter den Klienten und schluchzt*: ‚Aber ist schon o.k…'

Kl: Ja… Und dann muss ich einfach noch besser sein.

Ber: Genau. Ist schon scheiße. Sie sollten einen anderen Beruf machen. Gehen Sie doch ins Archiv oder so was, wo keine Menschen sind. Warum haben Sie so was studiert, wenn Sie das nicht können?

Kl: Das frag ich mich auch manchmal. Mhm…

Ber: Sind Sie ganz frisch von der Uni in diese Klinik gekommen?

Kl: Das ist mein erster Job als Psychologin.

Ber: Und jetzt sind Sie offiziell da angestellt und müssen jetzt richtig was leisten.

Kl: Ja. Genau. Das ist jetzt auch kein Spaß mehr.

Ber: Jetzt muss es auch richtig gut sein. Von der ersten Sekunde an. Sie dürfen keinen falschen Satz sagen. Sie dürfen auch nix falsch machen. Sonst ist es nämlich vorbei.

Kl: Genau. Ich bemühe mich, genau das zu machen.

Ber: Und je mehr Sie es probieren, desto mehr versagen Sie komplett.

Kl: Ja.

Ber: So ist das Leben. Sie haben eine falsche Berufswahl getroffen. Es gibt Leute, die studieren mit - wie alt sind Sie? - ...

Kl: 32.

Ber: …die studieren mit 40 nochmal was anderes. Sie können ja jetzt auch ein paar Jahre noch total versagen und immer mehr merken, dass Sie es nicht können, und dann machen Sie nochmal Jura oder so.

Auch hier wieder wichtig: Wenn ich wirklich denken würde, dass die Klientin als Psychologin nichts taugt, würde ich das nicht sagen.

Kl kichert.

Ber: Oder irgendwas, was halt nicht mit Menschen zu tun hat. Es werden so viele Leute gebraucht. Bei der Müllabfuhr…

Kl lacht.

Ber: Was ist denn Ihr Anspruch, dass Sie unbedingt so was machen müssen?

Kl: Ich wollte tatsächlich mal zur Müllabfuhr.

Ber: Als Kind?

Kl: Ja, weil man da hinten auf dem Auto stehen kann…

Ber: Sie haben als Kind schon gewusst, wo Sie eigentlich hingehören.

Alle lachen.

Ber: Und jetzt sitzen Sie da. Jetzt haben Sie dieses Studium durchgezogen. Schön theoretisch. Haben gedacht, dass Sie es jetzt perfekt können. Jetzt kommen Sie dahin und merken, dass die Praxis anders ist.

Kl: Genau.

Ber: Jetzt haben Sie sich auch gleich so eine psychiatrische Nummer geholt. Nehmen Sie sich doch erstmal harmlose Klienten. Solche, die sagen: ‚Mein Kind macht noch in die Hose' oder so. So was ganz Normales.

Kl: Ich glaube, selbst da müsste ich das noch auf einer tieferen Ebene angehen.

Ber: Sie versagen einfach überall in dem Bereich.

Kl: Ja.

Ber: Manche können es und manche nicht.

Kl: Ja.

Ber: Scheiße.

Kl: Scheiße ist das.

Ber: Blöd.

Kl: Ja.

Ber: Da gibt es keine Lösung. Sie müssen sich einen anderen Job suchen. Geben Sie auf.

Kl: Hm. Ich würde das ja schon gerne machen. Einfach so frei heraus. Wie es sich anfühlt für mich.

Ber: Aber da könnte ja was schief gehen. Wenn Sie jetzt frei heraus anfangen, dann haben Sie den Stress, Sie wollen es richtig machen und dann trauen Sie sich gar nix mehr.

Kl lacht.

Ber: Sie trauen sich ja nicht mal Nein zu sagen oder Stop zum Klienten.

Kl *(leicht gequält)*: Jaaaa…

Ber: Sie können dem Klienten vorher sagen ‚Ich bin neu. Bitte hebeln Sie mich nicht aus. Ich probiere noch rum.'

Kl lacht.

Ber: Nehmen Sie Ihren Chef mit. Der kann Ihnen helfen. Sie nehmen ihn an der Hand, nehmen ihn mit rein und sagen: ‚Ich kann es nicht alleine. Ich bin die kleine, schwache, zarte Annette.'

Kl *(seufzt)*: Oh Gott. Ja. Da hab ich keinen Bock mehr drauf.

Ber: Das ist genetisch vorgegeben. Sie können nicht anders. Sie sind so ein zartes Geschöpf. War Ihre Mutter auch schon so?

Kl kichert.

Ber: Wie ist denn Ihre Mutter so?

Kl: Nee. Die ist nicht so zart. Aber ich glaube, ich musste das da kompensieren. Weil die nicht so zart ist, musste ich halt zarter sein.

Ber: Sie mussten die Lücke füllen.

Die Klientin grübelt…

Kl: Auf der anderen Seite ist sie vielleicht auch so zart.

Ber: Sie zeigt es nur nicht. Haben Sie noch Geschwister?

Kl: Zwei.

Ber: Sind die auch so wie Sie?

Kl: Nee. Der eine vielleicht ein bisschen.

Ber: Der macht aber nicht so ein Psychozeug wie Sie.

Kl: Der macht schön IT.

Ber: Der hat es genau richtig gemacht. Der macht IT. Der muss sich nicht mit diesen ganzen Deppen rumschlagen. Diesen Verrückten, die in diesen Kliniken rumhängen. Aber Sie geben es sich voll. Sie brauchen so eine Herausforderung fürs Leben, obwohl Sie es eigentlich nicht können. Und Sie füllen in der Familie so eine Lücke des Zarten. Das Pflänzchen.

Ich höre nicht damit auf, Sie als arm, schwach, schüchtern, usw. zu beschreiben, weil ich merke, dass sie voll dabei ist. Man kann die Kuh melken, solange Milch kommt und braucht nicht immer neue Ideen. Hauptsache, der Klient ist emotional dabei.

Kl: Genau.

Ber: Sie können Ihre Mutter mitnehmen zu den Klienten.

Kl: Oh Gott. Oh Gott. Neeee.

Ber: Die ist sicher so eine Dampfwalze…

Kl nickt.

Ber: …die reinhaut. Sag ‚Mama, ich schaff das nicht alleine. Ich hab‘ das jetzt studiert, um gegen dich zu arbeiten und ich merke, du hattest immer recht.‘

Kl *(stöhnt):* Ja.

Ber: ‚Ich kann's nicht.‘

Kl: Oder irgendwie auch… keine Ahnung… das endlich doch zu können, was ich bei der Mama nie geschafft habe.

Ber: Wahrscheinlich. Oder sie hat Sie einfach zu kurz gestillt. Auf jeden Fall ist sie schuld.

Kl: Sie hat mich gar nicht gestillt.

Ber: Ha. Das ist es. Jetzt wissen wir es. Sie hat Sie gar nicht gestillt. Sie ist schuld daran, dass Sie jetzt so leiden müssen.

Kl: Ich glaub' auch.

Ber: Sagen Sie das mal. Sagen Sie ihr: ‚Mama, du bist schuld.'

Kl: Ich glaube, das wäre nicht gut.

Ber: Wie ist denn Ihr Papa so drauf?

Kl: Der lebt nicht mehr, aber der hat sich da rausgehalten.

Ber: Der ist vorsichtshalber gestorben…

So was kann man sagen, wenn der Gute Draht da ist und Sie keine Beißhemmung haben. Ich habe das intuitiv gemacht, weil ich gespürt habe, dass die Klientin stark genug ist, durch so einen Satz nicht in ein Loch zu fallen.

Die Klientin lacht.

Ber: Ist er schon lange tot?

Kl: Ja.

Ber: Wie alt waren Sie?

Kl: 18.

Ber: Der hat sich gedacht ‚Oh Gott, jetzt hab ich diese Frau und dieses Kind. Ich geh lieber'.

Kl: Der hat sich irgendwie dezent rausgehalten.

Ber: ‚Tschüüüüsss!'

Kl lacht.

Ber: Und jetzt sind Sie mit Ihrer Mutter, seit Sie 18 sind,... alleine.

Kl: Ja. Und zwei Brüdern.

Ber: Na immerhin haben Sie noch zwei Männer an der Seite.

Kl: Naja. Aber die sind viel älter. Und eigentlich bin ich die, die…

Ber: Sie sind die kleine, süße Tochter. Und jetzt suchen Sie sich so einen Psychojob aus. Ihre Mutter läuft doch Amok.

Kl: Da muss ich auch die Kleine, Süße sein. Das ist so ätzend.

Ber: Dann kommen Sie rein zu den Klienten als kleine süße Annette.

Kl *(schüttelt sich und stöhnt)*: Genau. Und das ist schrecklich.

Ber: Und die kriegen die Krise, und Sie kriegen die Krise.

Kl: Ja.

Ber: Die freuen sich.

Kl: Ja. Die finden das gar nicht so schlimm. Ich finde das schlimm.

Ber *(ahmt die Klienten nach)*: Endlich kommt die Annette. Lalalalala. Die können wir wieder ärgern. Lalalalala.

Kl lacht.

Ber: Wenn der Chef kommt, sitzen die ganz ruhig da.

Kl: Mhm.

Ber: Die brauchen einen Gegenpol. Sie bieten überall einen Gegenpol. Zu Hause. Bei Ihrem Chef. Der hat Sie deswegen eingestellt, weil er gedacht hat ‚Jetzt hab ich mal eine, die ist dann schlechter als ich. Die ist so zart. Die beschütze ich ein bisschen.'

Kl stöhnt die ganze Zeit.

Kl: Nee. Der ist eigentlich ganz cool. Der kennt das auch gut.

Ber: Bei Ihnen ist das Prägung und Genetik gleichzeitig. Überlegen Sie mal. Da können Sie nicht mehr rauskommen. Und vor allem, wenn Sie da jetzt plötzlich auf den Tisch hauen würden bei den Klienten. Die würden denken, dass Sie nicht mehr alle Tassen im Schrank haben.

Kl: Das müsste irgendwie so langsam gehen. Ich muss einen Übergang finden.

Ber: Das muss wohlüberlegt sein. Genau im richtigen Maaß und bloß kein Risiko, weil das wird gefährlich. Ein Jahr waren Sie jetzt die Zarte, die alles perfekt machen wollte. Das hat nicht geklappt. Jetzt müssen Sie ganz langsam überlegen. Ihr Chef scheint geduldig zu sein. Also so in fünfzehn Jahren können Sie dann das erste Mal überlegen, einen Angriffsversuch zu starten.

Kl: Neee. Nicht in fünfzehn Jahren.

Ber: Gut. In elf Jahren.

Kl lacht.

Ber. Wie lange wollen Sie da noch bleiben?

Kl: Schon noch ein bisschen. Ein paar Jahre.

Ber: Aber Sie schaffen es ja nicht. Sie können ja schlecht morgen da hingehen und sagen ‚Ich war jetzt bei einem Seminar und ich hau' jetzt auf den Tisch.'

Kl: Das wäre schon schön.

Ber: Das wäre schön. Aber das schaffen Sie eh nicht.

Kl kichert.

Ber: Dann fangen Sie an zu lächeln und knicken sofort ein. Der Patient sagt einen Satz, und Sie knicken ein. Sie fallen um. Dann sagen Sie ‚Oh, Entschuldigung. Ich wollte Sie nicht verletzen. Oh Gott! Es tut mir leid.'

Kl *(lacht)*: Ja. Oder ich muss halt so ganz hart sein.

Ber *(ahmt ihre Unsicherheit nach und sagt mit zittriger Stimme)*: ‚Ich muss jetzt ganz hart sein. Ich muss total hart sein.'

Kl lacht.

Ber: Vergessen Sie es. Es gibt Frauen, die lernen das noch mit 32, aber ich glaube, Sie gehören nicht dazu.

Kl *(ganz vorsichtig)*: Ich glaub schon, dass ich das könnte.

Ber: Theoretisch. Aber Sie müssen sich erstmal theoretisch jahrelang darüber Gedanken machen bis Sie dann mal einen kleinen Versuch starten, dass Sie vielleicht einem Klienten sagen ‚Halt's Maul!'

Kl: Das wäre schon auch heftig.

Ber: Na eben. Ihr Chef macht das.

Kl: Ich glaube, der könnte das.

Ber: Der macht es auch nicht. Zwei so Weiche. Mein Gott. Ist der auch so wie Sie?

Kl: Nee. Der macht das irgendwie anders.

Ber *(ahmt den Chef nach)*: ‚Könnten Sie bitte Ihren Mund wieder zumachen.'

Kl: Der macht das mehr so charmant.

Ber: Der ist Ihr Vorbild.

Kl: Ja.

Ber: Sie müssen es genauso lernen wie er. Nur er kann das. Sie müssen es genauso machen wie er.

Kl: Das denke ich manchmal. Aber das kann ich glaube ich gar nicht.

Ber: Ist auch immer schön, wie Sie sich ausdrücken ‚Ich glaube, vielleicht möglicherweise könnte ich es vielleicht mal irgendwann schaffen.'

Kl *(kichert)*: Mhm…

Ber: Sie sagen nicht einfach mit lauter Stimme: ‚Das mach ich jetzt.' Eher mit zartem Stimmchen: ‚Ja, vielleicht probier ich das morgen ein klitzekleines Bisschen, aber vielleicht auch doch lieber nicht…' und dann kommt ein Klient und macht: ‚BUUUUUH!!!!!' und dann machen Sie …

Kl zuckt zurück und wird klein.

Ber: Genau so machen Sie dann. *(Ich setze noch einen drauf und ahme Klientin nach)*: ‚AAAAAAHHH! Nein!!! Hilfe!!!! Ich mach doch lieber IT!' Computer wehren sich nicht so.

Kl *(nachdenklich)*: Tja. Hm.

Ber: Es gibt keine Lösung. Sie haben den falschen Job. Sie kommen da nicht raus.

Kl: Ich glaub', ich muss das einfach anders betrachten. Der Job war im letzten Jahr auch das Einzige irgendwie. Dass ich da gut bin…

Ber: Das ist auch richtig so. Sie sind neu im Team und Sie müssen sich jetzt reinhängen.

Kl: Nee. Ich glaube ich brauch jetzt noch ein paar andere Sachen.

Ber: Noch ein Privatleben meinen Sie? Haben Sie einen Mann an Ihrer Seite?

Kl: Nee. Leider nicht. Aber ich hab ein paar Freunde. Und die hab' ich immer noch. Es wundert mich fast schon, dass ich die immer noch habe, weil ich mich auch so wenig gemeldet habe. Und ich glaube, das wäre jetzt mal wieder an der Zeit.

Ber: Ich finde das sehr löblich. Sie opfern sich auf für Ihren ersten Job. Ich finde das toll. Sie müssen noch mehr arbeiten. Tag und Nacht. Vergessen Sie Freunde. Wer braucht Freunde. Sie müssen diese Klienten knacken. Das ist Ihre Lebensaufgabe.

Kl: Nee.

Ber: Wie? Nee.

Kl: Ich glaub', ich hab jetzt gemerkt, das klappt irgendwie nicht so, wie ich mir das gedacht habe.

Ber: Sie haben eine Theorie im Kopf gehabt, die nicht funktioniert.

Kl: Mhm.

Ber: Ja und?

Kl: Jetzt muss ich es einfach sein lassen. Und vielleicht muss ich da einfach mal als normalerer Mensch hingehen. Und nicht als eine, die schon ein bisschen leuchtet.

Ber: Sie sind schon in Habachtstellung, bevor Sie überhaupt zur Tür reingehen.

Kl *(stöhnt)*: Ja.

Ber: Sie haben aber jetzt einen Ruf. Die wissen jetzt, wie Sie sind.

Kl: Ja, aber das Verrückte ist, dass seit kurzem die eine Kollegin mich richtig gerne mag. Vielleicht mag die mich schon lange, aber ich hab es erst jetzt gemerkt. Und irgendwie muss ich vielleicht gar nicht perfekt sein, dass ich auch menschlich mit denen klarkomme.

Ber *(spielt die total Erstaunte)*: Ach echt?

Kl: Vielleicht brauch' ich das auch gar nicht mehr so sehr, dass ich so ganz ganz toll bin.

Ber. Das denken Sie theoretisch.

Kl: Neee…

Ber: Wenn Sie praktisch am Montag da wieder sitzen, kommt dieses Muster wieder hoch, und Sie werden wieder die Kleine, Zarte werden. Es könnte ja auch dann sein, wenn Sie plötzlich was anders machen, auch vor der Kollegin, dann mag die Sie vielleicht nicht mehr. Jetzt haben Sie mühsam ein Jahr darauf hingearbeitet…

Kl: Die hat das schon so schlimm mitgekriegt mit meinem ganzen Perfektionismus, wie ich da zittere in diesem Team. Ich glaube, die mag mich einfach.

Ber: Die mag Sie trotzdem, auch wenn Sie so ein Perfektionistendepp sind. Das ist ja unglaublich.

Kl: Wenn die mich jetzt mag, dann mag die mich immer.

Ber. Auch wenn Sie nicht perfekt sind. Denken Sie.

Kl: Doch. Da bin ich mir ziemlich sicher.

Ber: Die ist wahrscheinlich selber ein Chaot und ist froh, endlich mal einen Perfektionisten getroffen zu haben. Wenn Sie jetzt plötzlich nicht mehr perfekt sind. Um Gottes Willen. Die bricht zusammen. Die kündigt Ihnen die Freundschaft.

Kl *(lacht):* Da könnte was dran sein…

Ber: Und wenn Sie bei den Klienten jetzt plötzlich anders sind, dann mögen die Sie vielleicht auch nicht mehr. Und ich finde, das Leben ist dazu da, dass man alles perfekt macht. Ist total wichtig. Stellen Sie sich mal vor, was da schiefgehen könnte, wenn Sie irgendwas ein bisschen ab von der Spur machen und was Neues ausprobieren. Und das geht dann auch noch schief.

Kl: Ja.

Ber: Dann können Sie immer sagen ‚Boah. Ich hab es gewußt!'

Kl: Wobei das vielleicht gar nicht so schlimm ist, wenn es mal schief geht.

Ber: Das ist grauenvoll, wenn es schief geht. Man braucht diese Strukturen. Sie brauchen die. Unbedingt. Sonst wird alles furchtbar.

Kl *(stöhnt)*: Nee.

Kl kichert.

Ber: Da tut sich ein Riesenloch auf, wo Sie reinfallen, wenn Sie etwas nicht perfekt machen.

Kl: Nee. Ich glaube, es reicht mir jetzt echt. Vielleicht kann ich das nicht sofort am Montag alles ändern, aber…

Ber: In elf Jahren.

Kl: Nein. Nein. *(lacht)*

Ber: Zehneinhalb.

Kl: Nein. Nein. Am Montag schon ein bißchen anders. Und dann immer mehr.

Ber *(mit Stimmchen):* Lieber Klient, ich bin jetzt ein bißchen anders. Vielleicht.

Kl: Nein. Ich sag' dem das nicht. Ich erinnere mich einfach daran, dass diese Kollegin… jetzt hätte ich fast Freundin gesagt… mich mag, auch so.

Ber: Aber die Klienten… Die Kollegin mag Sie vielleicht…

Kl: Die sind mir egal.

Ber: Die sind Ihnen egal?????? Sind Sie wahnsinnig geworden? Die können Ihnen doch nicht egal sein. Sie sind Therapeutin, denen das Leid der Klienten an erster Stelle stehen muss.

Kl *(abgeklärt)*: Nee.

Ber: Sie haben nicht mal eine Beziehung deswegen, weil Sie sich aufopfern für diese Verrückten.

Kl *(kichert)*: Das will ich auch ändern.

Ber: Wie, das wollen Sie ändern? Sie wollen sich jetzt einen Mann suchen?

Kl: Mhm.

Ber: Aber der muss auch perfekt sein.

Ich beziehe ihren Perfektionismus sofort auch auf den Mann. Das können Sie immer machen, das Problem auf das Gesamtsystem beziehen. Die Wahrscheinlichkeit ist groß, dass solche Verhaltensweisen auch auf andere Gebiete des Lebens zutreffen.

Kl: Nee. Also schon…

Ber: Also schon ziemlich perfekt.

Kl: Ein Schnuckeliger soll es sein.

Ber: Ein Schnuckeliger. Legen Sie ihm eine Liste vor, wie er sein muss und wo er nicht perfekt sein muss.

Kl: Ein bisschen was muss er schon zu bieten haben.

Ber: Eben. Sag‘ ich doch. Eine Liste. ‚Ich brauch dich nicht ganz perfekt, aber schnuckelig solltest du schon sein, und DAS solltest du haben und DAS darf auf keinen Fall sein…‘

Kl: Nur ein paar Sachen. Nicht so viele.

Ber: Nur eine dreiseitige Liste.

Kl: Fünf Punkte höchstens.

Ber: Fünf. Schnuckelig…

Kl: Spannend, ääääähm… Auch mal entspannt…

Ber: Immer wenn Sie das für richtig halten.

Kl nickt.

Ber: Eben. Find‘ ich gut. Sie müssen schon ein bißchen beim Perfektionismus bleiben. Sie können das jetzt nicht ALLES ändern.

Kl: … Anders als ich…

Ber: So wie Ihre Mutter.

Kl: NEIN!!!!!

Alle lachen.

Kl: Und begeistert für irgendwas.

Ber: Vielleicht finden Sie für die Klienten auch so eine Liste. ‚Ich bin jetzt kein Perfektionist mehr, aber so müsst ihr euch schon noch benehmen. Sonst breche ich zusammen. Sonst falle ich in mein Muster.'

Kl: Ich lass die Klienten einfach Klienten sein jetzt. Schritt für Schritt. Ich wechsle die Seiten.

Ber: 'Ihr seid mir jetzt scheißegal. Ihr Blöden.'

Kl: Nee. Ich kann ja so tun, als wären die mir nicht egal.

Ber: Die merken das sofort.

Kl: Ich mag die ja auch… Aber nicht mehr so, dass das ganze Herz da reinfließt…

Die Rückmeldung der Klientin direkt nach der Sitzung war folgende:
Ich fühlte mich ertappt und als würde mir jemand meinen depressiven Schatz streitig machen. Ich wurde immer rebellischer und denke jetzt, dass ich eigentlich ganz o.k. so bin, wie ich bin.

Und diese E-Mail kam auf meine Nachfrage ein paar Monate später:
Ja es ist tatsächlich einiges passiert und passiert immer noch. Ich bin jetzt noch drei Wochen in der Klinik, und dann läuft mein Vertrag aus. Sie wollten mich gerne behalten, und ich finde die Arbeit dort nach wie vor auch super, aber ich habe mich entschieden, noch mal was Neues zu wagen. Das heißt, ich will erst mal Urlaub machen und dann in eine andere Stadt ziehen.

Es hat sich nach und nach immer ein bisschen mehr in Bezug auf die Klienten geändert, und die Arbeit mit Ihnen war gut und unterstützend, dabei genau zu wissen in welche Richtung ich mich auf keinen Fall entwickeln will.

Meinen Fall dürfen Sie sehr gerne mit in Ihr Buch aufnehmen, da freue ich mich. Und bin jetzt schon gespannt, es zu lesen.

Fallbeispiel 9 (C. Cordes): Mein Leben ist ein Jammertal

Ber: Es ist ein altes Problem, sagen Sie?

Kl rutscht weg.
Ich rutsche hinterher und spreche offen an, was gerade passiert.

Ber *(lacht)*: Riech' ich streng?

Kl: Damit ich Sie besser sehen kann.

Ber: Ein altes Problem. Was denn für ein altes Problem?

Kl: Ähm... Dass ich immer so eine depressive Verstimmung habe...

Ber: Schon immer.

Kl: Nee. Noch nicht immer. Aber schon lang. Mehrere Jahre. Und zwischendurch auch eine Zeitlang nicht mehr, und dann sind ein paar Dinge passiert, und das will ich eigentlich mal wegkriegen.

Kl kichert.

Ber: Es kommt also so über Sie. Plötzlich.

Kl: Nee. Eigentlich ist es immer.

Ber: Sie sind immer depressiv.

Kl: Nicht schwer depressiv, aber es ist generell so eine…

Ich hake ein und gebe ihr mehr Recht, als ihr lieb ist.

Ber: … Das Leben ist ja auch grauenvoll.

KL *(lacht)*: Ja.

Ber: Sie haben vollkommen recht.

Kl: Nein.

Ber: Wie, nein.

Kl: Na also, ich finde das Leben nicht grauenvoll, aber ich hätte gerne so ein Stück mehr, so eine... ähhh... also, diese Freude auf etwas... Es ist mehr so ein Grundgefühl... von so einer... äh ... Gedrücktheit. Ich bin jetzt nicht schwer depressiv oder irgendwas, aber es ist…

Ber: Das kommt als nächstes. Das ist die Vorstufe.

Kl *(lacht)*: Nee. Das bleibt so.

Ber: Das bleibt so? Das bleibt für immer so.

Kl: Nee. Das würde ich ja gerne nicht, dass es immer so bleibt.

Ber: Da kann man aber nichts dagegen machen. Das kommt so aus dem Nichts. Die Grundmelancholie ist immer da, weil das Leben ein Jammertal ist...

Kl *(unterbricht)*: Ich weiß nicht, ob das Leben ein Jammertal ist, aber ich habe schon die Befürchtung, dass es so bleiben könnte.

Ber: Das wird immer so bleiben. Wie lange haben Sie das jetzt schon? Zwanzig Jahre? Dreißig Jahre? Immer. Seit Sie denken können.

Kl: Es ist nur anders geworden so zwischendurch halt, aber...

Ber: Was ist da passiert, dass es anders war? Kam da irgendein Typ, der Sie belästigt hat?

Kl *(lacht laut auf)*: Neee. Ich hatte mich von meinem damaligen Freund getrennt. Und ich war an einem Ort, an dem es mir super gut ging. Ich war richtig angekommen, hatte einen Job, der passte...

Ber: Und dann ging alles wieder den Bach runter.

Kl: Ja, dann ist der Mann gestorben, den ich neu kennengelernt hatte. Dann hat mir meine Chefin erzählt, dass ich da nicht bleiben kann, dass ich weg muss. Dann hatte ich Ärger mit meinem Vater, der sagte: ‚Du bist nicht meine Tochter'. Es kamen so ein paar Sachen zusammen. Dann bin ich überall rumgereist, beruflich, um diesen Ort zu halten, hab' mich dann aber entschieden, dass ich woanders hingehe.

Ber: Da ist es jetzt auch nicht besser.

Kl: Dort war es erstmal...

Ber: …besser.

Kl: Nee. Wenn man da reinkommt als Fremder, ist es eine deprimierende Stadt.

Ber: Sie scheinen es anzuziehen. Wo Sie hinkommen...

Kl *(lacht)*: Nee. Das glaub ich auch nicht.

Ber: Dabei können Sie so nett lachen.

Kl: Ja, ja. Ich weiß.

Ber: Das ist alles Fassade.

Kl: Nee. Das ist nicht Fassade. Dieser Humor ist in mir. Das hat meine Oma schon gehabt. Mit der hatte ich viel Spaß.

Ber: Überlebenstraining in diesem grauenvollen Leben.

Kl: Das hilft sicher, aber trotzdem ist diese Grundstimmung da.

Ber: Haben Sie jetzt einen Mann, der Sie belästigt? Einen Neuen?

Kl *(lacht laut)*: Ja, gerade. Frisch verliebt.

Ber: Gerade frisch. Ja, schauen Sie. Vielleicht schafft der das, Sie da wieder rauszuholen. Sie müssen ihm sagen ‚Ich brauch jetzt Dich, damit Du mich aus meiner grundmelancholischen Lebensstimmung rausholst. Ich brauch' Dich nur dafür.'

Kl *(lacht)*: Nee, nee. Ich glaub' eigentlich nicht. Es ist natürlich schön, einen Partner zu haben, und er belegt auch ziemlich viel meiner Zeit.

Ber: Zu viel.

Kl: Ja. Ich muss schon immer bisschen gucken, dass ich bißchen Zeit für mich habe.

Ber: Sie haben komische Auswahlkriterien offensichtlich. Jetzt haben Sie einen an der Backe, der Tag und Nacht bei Ihnen ist, der Sie beklammert und beklettet. Um Gottes Willen. Was ist das für ein Typ? Wo haben Sie den gefunden?

Kl: Beim Skifahren.

Ber: Der hat sich an Sie dran geklettet auf der Piste. Und jetzt werden Sie diesen Typen nicht mehr los. Jetzt sind Sie melancholisch, weil Sie den nicht mehr loswerden. Sie sind zu anspruchsvoll.

Kl: Das ist einfach eine schöne Beziehung. So. Und ich genieß' das jetzt.

Ber: Aber nicht zu eng. Der kriegt schon die gelb-rote Karte.

Kl *(lacht)*: Nein. Hat er noch nicht.

Ber: NOCH nicht. Wie lange sind Sie zusammen? Seit zwei Wochen?

Kl *(lacht sich halbtot)*: Ich hab schon gesagt, dass das wahrscheinlich nicht immer so eng geht. Dass ich auch Zeit für mich brauche.

Zeitlich nicht so eng.

Ber: Das heißt übersetzt für ihn: ‚In einer Woche kriegst du die rote Karte, und dann musst Du Dich verpissen.'

Kl: Nein, aber es ist schon so, dass ich glaube, dass ich mich mit dem Einlassen... Dass das sicherlich Zeit braucht... Bißchen... Aber ich glaube, der ist geduldig.

Ber: Sie sind ja auch noch nicht so alt. Mit 65 können Sie ihm sagen ‚Jetzt darfst du jeden zweiten Tag zu mir kommen.' Wie alt sind Sie nochmal?

Kl: 47.

Ber: Na, sehen Sie. Dann haben Sie noch zwanzig Jahre. Vielleicht dauert es auch noch länger.

Kl: Bisher haben wir uns so gut wie jeden Tag gesehen.

Ber: Um Gottes Willen.

Kl lacht.

Ber: Der wohnt auch noch in der gleichen Stadt. Warum suchen Sie sich nicht so einen Australier irgendwo weiter weg.

Kl: Ich fand's schön, dass er da ist, und finde es auch schön, dass er mich besuchen kommt und dass er wirklich Interesse hat, und dass es jemand ist, der sich einlassen kann und ein warmherziger...

Ber: Aber jetzt lassen Sie sich nicht ein. Sie wissen wirklich nicht, was Sie wollen.

Kl: Wir sind jetzt woanders, aber das ist auch ein Thema.

Ber *(ich stelle mich blöd)*: Er ist woanders?

Kl: Nein. Ich bin mit meinem Thema woanders.

Beide lachen.

Ber: Ach, stimmt. Die depressiven Stimmungen. Genau.

Kl: Aber es ist schon so, dass ich wieder aufmachen wollte, nachdem der andere gestorben ist...

Ber: Wie lange ist das her?

Wenn Sie beim Thema Tod eine Beißhemmung haben, dann wird es schwierig, provokativ zu werden und manchmal schon vorher, einfach nachzufragen. Ich mache das immer, da es unter der Oberfläche da ist. Wenn Sie dabei wohlwollend bleiben, ist das nie ein Problem.

Kl: Das ist schon sieben Jahre her.

Ber: Schon eine Weile...

Kl: Ich dachte auch, dass ich jetzt wirklich wieder ernsthaft suche, dass mein Herz wirklich mitspielt.

Ber: Sie waren jetzt sieben Jahre abstinent.

Kl *(macht eine Pause. Dann lacht sie)*: Fast. Ich hatte schon einen Freund zwischendurch, aber da hab ich mich eher so von außen überzeugen lassen, und eigentlich wollte ich, dass mein Herz wirklich voll dabei ist.

Ber: ‚Bitte, Katharina *(Name geändert)*, nimm mich einmal eine Nacht.'

Kl *(lacht laut)*: Nein.

Ber: Das klang jetzt grad so... Der kommt wie ein Reiter im Wind von außen und überzeugt Sie.

Kl: Nein, das war jemand, der sich sehr in mich verliebt hat, der auch sehr warmherzig war. Das war natürlich angenehm.

Ber: Sie ziehen die an, diese Warmherzigen, die Sie dann nicht mehr loslassen. Ich seh‘ das vor mir. Die hängen sich wie Kletten an Sie dran. Sie sind dann ganz ausgesaugt. Ganz ausgezuzelt.

Kl *(lacht)*: Nee. So nicht, aber... Es war jetzt schon so, dass ich gedacht habe, dass ich mich wieder auf die Suche mache, wo das Herz passt und wo ich denke, dass ich mich jetzt einlassen möchte und zwar für den Rest des Lebens.

Ber: Und jetzt will der das auch, und jetzt wollen Sie das nicht.

Kl: Ich hab‘ dem am Anfang oft gesagt, dass mein Herz noch nicht mitspielt. Das weiß er auch.

Ber: ‚Warte noch, in zehn Jahren kommt das Herz dazu. Gib nicht auf.‘ Wie heißt der denn, der Kerl?

Kl: Peter. *(Anmerkung: Name geändert).*

Ber: ‚Peter, gib nicht auf. Mein Herz ist schon ein bisschen offen.‘ Die Männer wollen immer kämpfen. Die wollen Beute finden. Sie müssen immer Beute bleiben.

Kl: Ja, ja.

Ber: Bis an Ihr Lebensende.

Kl *(lacht)*: Ich glaube, das bin ich.

Ber: Ja, eben. Sie müssen gar nichts machen. Sie sind ein Naturtalent.

Stille (sie redet sonst sehr schnell und viel und nuschelig).

Ber: Der soll einfach immer nur kommen, wenn Sie wieder melancholisch werden, oder dann gehen, je nachdem, wie Sie es gerade brauchen.

Kl: Neee. Ich genieß das schon mit dem. Das ist schon angenehm und schön und...

Ber: Wie lange haben Sie den jetzt genau an der Backe?

Kl: Ganz frisch.

Ber Also drei Stunden oder drei Tage oder vier Wochen oder...

Kl: 6 Wochen.

Ber: Da ist man ja eigentlich noch verliebt. Theoretisch.

Kl lacht.

Ber: Ich war nicht verliebt. Das hab' ich auch gesagt.

Th: Sie haben sich für ihn geopfert.

Ber: Nein. Ich weiß nicht, ob man immer verliebt sein muss. Das ist vielleicht eine abendländische Vorstellung.

Ber: Sehr weise. Sie sind eine reife Frau. Man muss nicht immer verliebt sein. Das kann auch noch kommen.

Kl: Genau. Das kann wachsen. Das find' ich schon gut.

Ber: Und er ist wahrscheinlich schon so *(ahmt Herzschlag nach)* ‚Gdung, Gdung, Gdung...' und jeden Tag und immer und... Der kriegt Schweißausbrüche, wenn er Sie mal nicht sieht. Der sitzt weinend in seiner Wohnung.

Kl: Nö.

Ber: Der will bestimmt schon zu Ihnen ziehen.

Kl: Es ist sicherlich ein Mann, der bereit ist, sich zu binden und sich einzulassen.

Ber: Das kommt aber für Sie nicht in Frage. Das seh' ich schon.

Klientin lacht.

Kl: Das ist ja eigentlich, was ich mir wünsche.

Ber: Sie wollen, aber Sie können nicht. Wie mit der Melancholie.

Kl: Das hab ich mich schon gefragt... Ob ich bindungsunfähig bin.

Ber: Total. Was heißt, Sie haben sich gefragt. Das ist ein Faktum, dass Sie bindungsunfähig sind.

Kl: Ja, mich hat auch noch nie ein Mann verlassen. Ich bin immer gegangen.

Ber: Also wird es Zeit, jetzt nach 6 Wochen... Eine Woche können Sie ihm ja noch geben. Dann können Sie ihn auch wieder verlassen. Alleine ist eh' viel schöner. Was wollen Sie mit diesen komischen Typen, die immer an Ihnen dran hängen.

Kl: Ich finde es eigentlich nicht alleine schöner, sondern...

Ber: Wie jetzt?

Klientin lacht.

Kl: Ja, ich genieß', dass der da ist.

Ber: Ab und zu. Einmal im Monat. Einmal die Woche.

Kl: Es ist ja auch nicht so, dass er immer kommt. Ich ruf' auch an. Ich werde auch aktiv. Durchaus.

Ber: Jedes fünfte Mal. Er schickt Ihnen hundert SMS am Tag und Sie rufen alle drei Tage mal zurück.

Kl lacht laut.

Ber: Das ist doch super! Der wird an Ihnen kleben bleiben wie Fliegen an diesen Pappdingern für Fliegen kleben bleiben, wenn sie die Dinger berühren.

Kl kichert laut.

Ber: Der hängt dann da. Da hängen wahrscheinlich schon ein paar.

Kl lacht.

Ber: Das können Sie sich ans Fenster hängen.

Kl: Das ist schon so eine Eigenschaft, die ich habe... Aber ich glaube nicht, dass viele Leichen meinen Weg pflastern...

Ber: Nur zwei bis drei.

Kl: Nee, ich glaub, denen geht es noch immer gut allen. Es ist eher so, dass ich nicht für mich sorge in so einer Beziehung.

Ber: Sie tun dann noch ganz lange so, als wäre alles gut und sagen nicht Nein...

Kl: Ja, ich geh über mich hinweg und gucke nicht mehr, wo mein Anteil ist, mein Herz. Da sind wir wieder bei der Depression. Das Nicht-Gucken, wo mein Herz ist, nicht genau wissen, was mir eigentlich wichtig ist. Das kenn ich natürlich von der Kindheit und so...

Ber: Ha. Dann haben wir doch endlich einen Schuldigen. Die Mutter. Die ist immer Schuld.

Kl: Das habe ich schon oft bearbeitet.

Ber: Die hat Ihnen das eingepflanzt. Ihre Mutter. Wegen ihr sind Sie so geworden. Lebt die noch?

Kl: Leider nicht.

Ber: Leider nicht. Sie haben sich also gut verstanden, obwohl sie so eine unsägliche Kuh war.

Kl: Wir haben uns zum Glück am Ende gut verstanden. Sie ist im Guten gegangen, und da bin ich froh drüber.

Ber: Obwohl sie Sie so kontrolliert hat und Sie so verdorben hat. Haben Sie Kinder?

Kl: Neeeeee.

Ber: Sie haben vollkommen recht. Das verstehe ich. Nee, nee, neee. *(ich reagiere auf ihr extremes und heftiges Neeeee).*

Beide lachen.

Kl: Ich mag Kinder, und ich glaube, wenn ich mich da früher darum gekümmert hätte, hätte ich auch welche...

Ber: Wie Sie die verdorben hätten... Wenn Sie schon von Ihrer Mutter so verdorben worden sind...

Kl: Nee. Das glaub' ich gar nicht.

Ber: Wie, das glauben Sie nicht... Die wären richtig depressiv geworden. Das hätten Sie weitergegeben.

Kl lacht.

Ber: Sie sind so halb depressiv, nix Halbes und nix Ganzes. Und die, die wären so richtig depressiv geworden.

Kl *(schweift zurück zum Kinderwunsch)*: Mit 25 nicht, aber im reifen Alter. Ich glaube, das hätte gepasst.

Ber: Bis 50 kann man ja heute noch Kinder kriegen.

Kl: Nee, jetzt nicht mehr. Nee.

Ber: Ist auch zu gefährlich.

Kl: Ich weiß nicht, ob es gefährlich wäre, aber das muss jetzt nicht mehr sein.

Ber: Zu alt und abgetakelt.

Kl: Das wäre mir tatsächlich zu anstrengend.

Ber: Im Alter wird das anstrengend.

Kl *(lacht)*: Ja, ja.

Ber: Da ist man dann so eine Übermutti. Das geht gar nicht mehr. Würde ich auch nicht machen. Vor allem nicht mit diesem Typen, der an Ihnen dran klebt wie so eine Fliege an so einem Klebeding.

Kl: Der hat schon Kinder.

Ber: Der hat schon genug. Der hat sich sicher gleich nach seinen Kindern sterilisieren lassen...

Kl: Das glaub‘ ich nicht *(lacht)*.

Ber: Der will noch ein Kind von Ihnen?

Kl: NEIN!!!!

Ber: Das hat er gesagt?

Kl: Nein.

Ber *(entsetzt)*: Das hat er NICHT gesagt?????

Kl *(lacht immer noch):* Da haben wir nicht darüber geredet.

Ber: Der sagt das lieber nicht. Der macht‘s einfach.

Beide lachen.

Ber: Der kommt dann an und sagt ‚Schatz, ich hab schon drei Kinder. Hihihi... aber ich will noch eins.‘

Kl: Den Wunsch hatte ich mal... Mehr Nähe zu Kindern wäre schön...

Ber: Die suchen überall Erzieherinnen.

Beide lachen.

Kl: Da war mal so ein Theater für Kinder in der Stadt. Da haben sie mal jemanden gesucht. Das fänd ich spannend. Irgendwie auf eine andere Art, Nähe zu Kindern leben und denen was geben. Ich glaub, selber nochmal Mutter zu werden... Müsste ich, glaube ich, jetzt nicht haben.

Ber: Kommen wir doch nochmal auf Ihren Typen und Ihre Depression zurück...Wenn der Typ da ist, sind Sie noch depressiver als wenn der nicht da ist.

Kl: Nee. Dann merke ich das nicht so. Da bin ich ja abgelenkt.

Ber: Dann muss der doch immer bei Ihnen sein.

Kl *(schmunzelt)*: Das müsste ich halt mal ausprobieren.

Ber: Der muss bei Ihnen einziehen. Schlagen Sie ihm doch folgendes vor: Sagen Sie ihm, Sie waren auf einem Seminar und hatten DIE Erkenntnis.

Kl kichert laut.

Ber: Ich sehe, die Idee beglückt Sie.

Kl *(lacht sich halb tot)*: Naja, wenn ich seine Wohnung vor Augen habe.

Ber: Ach, das ist so ein Messi, so ein Gorgo-Messi.

Kl: Nee, aber da liegt schon viel rum, und sein Geschmack ist auch nicht unbedingt meiner. *(Wechselt wieder das Thema)* Nee, ich glaub, ich hab ADS...

Ber: Das auch noch... Sie sind ja wirklich ein Wrack.

Kl: Nee, das glaub ich nicht.

Ber: Depressiv, ADS...

Kl: Ich hab mal eine Therapeutin gefragt, was wohl das zentrale Problem ist und die sagte: ADS. So.

Ber: Ist doch toll. Dann wissen Sie es jetzt endlich. Sie haben jetzt eine Schublade, können Medikamente nehmen. Gott sei Dank ist es was. Gott sei Dank haben Sie was gefunden.

Kl: Ich hab‘ mal Medikamente ausprobiert, aber das hat nichts geändert.

Ber: Die waren nicht stark genug.

Kl *(lacht)*: Das kann sein.

Ber: Bei Ihnen geht nichts mehr.

Kl: Aber ich habe mir einen Job gesucht, tatsächlich, der dazu passt.

Ber: Was machen Sie denn?

Kl: Ich bin Psychologin...

Ber: Um Gottes Willen.

Die Klientin ist sichtlich entspannter als vorher.

Fallbeispiel 10 (N. Höfner): Kinder, ja oder nein?

Ber: Was ist Ihr Problem?

Kl: Das Problem ist eins, was immer mal wieder so aufkommt... Meistens nicht so lange, aber es kommt immer wieder...

Ber: Schon lange. Ihr Leben lang.

Kl: Nee. Nee. Die letzten drei, vier Jahre. Mein Mann und ich haben irgendwann gesagt: Ok, wir könnten uns Kinder vorstellen, muss nicht sein, wir lassen es einfach mal drauf ankommen. Wir gucken mal.

Ber: Und jetzt kommen keine, wenn man es drauf ankommen lässt.

Kl: Ja. Genau. Es kommt nichts. Und für mich stellt sich immer wieder ein Stück weit die Frage: Ich hab irgendwie auch eine gewisse Ambivalenz. Ich kann mir vorstellen auf der einen Seite, es ist schön mit...

Ber: Wie alt sind Sie?

Kl: 39.

Ber *(erschüttert):* Oh Gott!

Kl:...es ist vielleicht auch schön ohne.

Ber: Vergessen Sie es. Lassen Sie es sein. Lassen Sie es echt sein. Verstehen Sie, nur, um Ihre tollen Gene und - wie alt ist Ihr Mann?

Kl: Zehn Jahre älter.

Ber: Also, mit so einem alten Sack sich zu vermehren, nur damit Sie Ihren Genpool zusammentun...

Kl *(lacht)*: Das geht gar nicht, oder?

Ber: Das geht überhaupt nicht. Da kommt ein uraltes Spermium geflossen... so pffff...

Kl lacht.

Ber: Trifft auf ein uraltes Ei... bong, bong, bong...

Kl lacht.

Ber: Das geht ja schon seit ein paar Jahren so.

Kl: Das hab' ich mir auch schon gedacht. Deshalb kommt wahrscheinlich auch immer wieder die Überlegung, weil ich mir denke, also ich weiß eigentlich gar nicht manchmal, ob es nicht auf der einen Seite ganz gut ist so. Und auf der anderen Seite denk' ich mir manchmal, aber vielleicht fehlt ja doch was. Ich weiß nicht, ob ich mich davon verabschieden muss oder ob ich eigentlich ganz froh sein soll, dass nix da ist.

Ber: Ja, stellen Sie sich mal vor, diese gestörten Nächte, die dann kommen. Das steht man mit 39 und 49 gar nicht mehr durch.

Kl: Bei meiner Nachbarin oben macht es immer ‚wäääääåh!'.

Ber: Ja, solche Ringe unter den Augen, usw.

Kl: Schon klar.

Ber: Es ist eine schwachsinnige Idee und außerdem - wie gesagt, wenn sich zwei alte Leute zusammentun, da kann nichts Gescheites dabei rauskommen.

Kl: Naja gut. Wir sind schon ein bisschen älter, aber so alt auch nun nicht. Geht schon grad noch so. Noch.

Ber: 39 ist nicht 29.

Kl: Ja, ja. stimmt. Aber mit 29 hätte ich es auch nicht gewollt.

Ber: Sie waren einfach noch nicht reif.

Kl: Ich hatte auch meinen Mann noch gar nicht.

Ber: Sie hatten Ihren Mann noch nicht. Das ist natürlich eine gewisse Erschwernis, das gebe ich zu.

Kl *(lacht)*: Ja.

Ber: Und alles, was Sie davor an Land gezogen haben…

Kl: Das war nicht so das, wo ich das gebraucht hab.

Ber: Jetzt haben Sie den Mann Ihrer Träume gefunden, und es wäre die Erfüllung Ihrer…

Kl: Nee. Das nicht.

Die Beraterin wechselt die Seite und begeistert sich auf einmal für das Gegenteil dessen, was sie vorher behauptet hat. Diese Technik nennt man Ping-Pong. Ein provokativer Berater kann alle paar Minuten die Seite wechseln und hilft dem Klienten damit, herauszufinden, was er/sie wirklich will.

Ber *(begeistert)*: Doch, doch denken Sie doch mal, stellen Sie sich doch mal vor. Mit diesem tollen Mann jetzt ein unglaublich tolles Kind zu zeugen.

Kl: Nein. Weil diesen tollen Mann, den teile ich dann lieber nicht. Also, ich mein, das hat ja schon auch Vorteile.

Ber: Klar müssen Sie den teilen, wenn Sie ein Kind haben. Aber jetzt stellen Sie sich doch mal vor, die unglaublich tollen Gene von Ihrem tollen Mann und Ihre ganzen tollen Gene und Ihre Liebe würde ihren Ausdruck finden in so einem Haufen Protoplasma, so einem kreischenden…

Kl: Ach nee.

Ber: Nach einer Weile dann, dann werden die ein bisschen größer, und dann nimmt es Ihre Hand, so ein kleines Kinderhändchen in Ihrer Hand, und sagt ‚Mami' zu Ihnen.

Kl: Genau. Mhm.

Ber: Ach, wär das toll.

Kl: Ja, das wäre einerseits ja schon schön, aber wie gesagt, also irgendwie, manchmal denk' ich auch, es ist vielleicht auch ganz gut so ohne. Weil es ist ja tatsächlich so, diese ganzen durchwachten Nächte und Kindergeschrei und... Also, ich liebe das schon auch sehr so, wie es ist.

Die Beraterin wechselt wieder die Seite. Da die Klientin zu Beginn ihre Ambivalenz geäußert hat und den Verdacht, dass sie deswegen nicht schwanger wird, ist es gut, immer wechselnd beide Seiten zu besetzen und die jeweiligen Vor-und Nachteile gewaltig zu übetreiben.

Ber: Wissen Sie, und so schnell, wie Sie reden, Sie kommen nicht mehr zum Reden, wenn Sie so einen kleinen Anarchisten haben. Sie kommen nicht mal gedanklich bis zum ersten Komma.

Kl: Ja, ja. Das könnte schon passen.

Ber: Ihr Leben ist dann total fremdbestimmt.

Kl: Oh Gott. Das wird noch schneller als ich. Mein Mann ist auch mindestens genauso schnell.

Ber *(entsetzt)*: Du großer Gott. Das Kleine redet dann im Stakkato.

Verstehen Sie. tatatatatatatatata.... Dass Sie es dann nicht mal mehr verstehen.

Neuer Seitenwechsel.

Ber: Auf der anderen Seite wäre diese Kombination von diesen zwei tollen genetischen Pools wahrscheinlich super, da würde was ganz besonderes rauskommen. Vielleicht der nächste Nobelpreisträger.

Kl: Ach nee. Das wäre ja nicht wirklich wichtig.

Ber: Oder der nächste Mensch, der die Menscheit rettet. So was wie...

Kl: Ach nee.

Ber: Wie, ach nee.

Kl: Das reizt mich nicht unbedingt, also...

Ber: Vielleicht wird es ein Model.

Kl *(lacht laut)*: Ach was. Nee, also wenn, dann...

Ber: Was wollen Sie denn überhaupt?

Kl: Wenn, dann finde ich Beziehungen was Schönes einfach.

Ber: Beziehungen. Wie Beziehungen?

Kl: Sie haben doch eine Tochter und einen Sohn.

Ber: Ja, ja, also... Die sind 39 und 35. Das ist ein geiles Alter für Kinder. Das kann ich Ihnen garantieren.

Kl: Die waren auch mal irgendwann so klein und haben ‚mä' gemacht.

Neuer Seitenwechsel

Ber: Das ist ja das Furchtbare. Eben. Wenn sie als Abiturienten auf die Welt kämen, dann hätten Sie jetzt auch ganz gute Karten.

Kl: Das wäre gut. Ja.

Ber: Aber wissen Sie, Sie schaffen es rein kräftemässig gar nicht bis zum Abitur. 39 plus 18 ist ... 57. Da sabbern Sie schon langsam. Verstehen Sie? Und dann bringen Sie das Kind in die Schule zum Abitur. Dann sagen die anderen: Oh, hast du deine Omi auch zur Abiturfeier mitgebracht?

Bei der Klientin erwacht Widerstand.

Kl: Oh, es sind doch immer mehr, die so alt sind.

Ber: Sie meinen, das machen andere auch?

Kl: Ja.

Ber: Deswegen können Sie es auch machen.

Kl: Da hätte ich jetzt nicht so das Problem.

Um den Widerstand zu stärken, bläst die Beraterin weiter ins gleiche Horn.

Ber: Aber Sie haben nicht das Rückgrat und die Kraft, das auszuhalten. Verstehen Sie? Sie sind eine schwache, zarte Person...

Kl: Nö.

Ber: Wie. Nö. Sie wissen ja gar nicht, wovon Sie sprechen.

Kl: Doch.

Ber: Jahrelang immer nur zwei Stunden Schlaf am Stück.

Kl: Ja, das ist doof.

Ber: Das ist sehr doof.

Kl: Ja, klar. Also das seh' ich auch. Ja.

Ber: Sie könnten sich natürlich auf der anderen Seite... hat Ihr Alter ordentlich Geld?

Kl: Mei.

Ber: Wie mei? Er hat genug Geld!

Kl: Also genug. Kein reicher Mann, aber es passt.

Ber: Dann kaufen Sie sich eine Nanny für nachts.

Kl: Nee.

Ber: Ich kenne eine Frau, die hat das gemacht.

Kl: Ich weiß, aber das finde ich richtig doof.

Ber: Hören Sie mal!

Kl: Alles outsourcen, was unbequem ist. Nee.

Ber: Das, was Sie hässlich macht, müssen Sie outsourcen.

Kl *(lacht)*: Ach so, o.k. Alles klar.

Ber: Da sind Sie tagsüber die tollste Mutter der Welt, wissen Sie...

Kl *(stöhnt)*: Oh, super.

Ber: Und Sie genießen Ihr kleines Herzibopperl und können alles, was schön ist an dem Kind, genießen.

Kl: Das ist gemein. Da wird die Nanny hässlich.

Ber: Das kann Ihnen egal sein. Die kriegt Geld dafür. Und nachts ist jemand da, der aufsteht, wenn das Kind krakeelt.

Kl: Ich glaube, das würde ich nicht machen.

Ber: Sie möchten das volle Programm.

Kl: Ja, also, wenn, dann schon. Ja.

Ber: Kein Wunder, dass Sie ambivalent sind. Das volle Programm ist einfach zu viel für Sie.

Kl *(lacht)*: Hm. Ehrlich?

Ber: Ja. Das ist zu anstrengend für Sie. Und von Ihrem alten Sack, den Sie da an der Hand haben, ganz zu schweigen. Ein 49-jähriger Mann, hören Sie mal. Der verabschiedet sich dann.

Kl: Nee. Das macht der nicht.

Ber: Das wäre nicht der erste Mann, der abhaut, wenn so ein kleiner Kreischer da ist.

Kl: Das glaub' ich jetzt aber nicht.

Ber: Das glauben Sie nicht. Und dann möchte der mal wieder... und sagt: 'Können wir nicht mal wieder das alte Rein-Raus-Spiel machen' und Sie sagen: 'Hier ist ein Topf Vaseline, amüsier dich selber. Ich bin jetzt beschäftigt.'

Kl: Neee.

Ber: Die meisten Frauen, wenn sie dann ihr kleines süßes ‚Düdüdüdüdüdüdü' im Arm haben, die haben keine Lust mehr auf Vögeln.

Kl: Ich glaub, das ist eigentlich so das Gegenstück davon.

Ber: Was????

Kl: Nein. Ich mein halt irgendwie...

Ber: Also Sie meinen, selbst wenn Sie Lust haben, kommen Sie nicht mehr dazu.

Kl: Das ist eher ein Problem. Das seh' ich eher als Problem. Aber ich hab' nicht die Angst, dass wir plötzlich kein Paar mehr sind oder so und nur noch Eltern. Das glaub' ich nicht.

Ber: Das denken Sie. Ha. Warten Sie es ab.

Kl: Neee.

Ber: Bis dieses kleine süße Wesen auf der Welt ist, und dann nachts, verstehen Sie, Sie haben gerade das Vorspiel hinter sich gebracht... ‚Wäääääääää!'

Kl *(lacht)*: Ja: Das ist doof.

Ber: ‚Komm, zieh' ihn wieder raus, ich muss jetzt rüber.'

Kl: Ja. Das ist schon ziemlich blöd. Ja.

Ber: So ist es.

Kl: Natürlich.

Ber: Fakten sind Fakten.

Kl: Ja. Ja.

Ber: Man fragt sich wirklich, wie manche Leute ein zweites Kind zustande bringen, wenn das Erste da ist... Wann denn bitte?

Kl *(lacht)*: Die organisieren sich dann einen Babysitter.

Ber: Jawohl. Einmal im Monat: ‚Heute ist der Tag der Tage!' Und dann bringt er ihn nicht mehr hoch, weil jetzt muss es drauf ankommen.

Kl: Mhm.

Ber: Und was haben Sie jetzt für ein ruhiges beschauliches Leben als Paar zu zweit, wo Ihre Beziehung im Mittelpunkt steht und nichts Sie stören kann.

Kl: Das ist schon ziemlich schön.

Ber: Und Sie denken, so eine Beziehung zu so einem Kind. Dann hoffen Sie, dass es Sie im Alter noch besucht. ‚Hä. Wenn Du verblödest, kommst du ins Heim'.

Kl: Ich weiß gar nicht, ob ich das hoffe, weil ich glaube, dass man das nicht so erwarten kann. Woher weiß ich, ob die nicht irgendwo in USA sitzen oder sonstwo.

Ber: Oder selbst, wenn sie nebenan wohnen sagen sie: 'Wenn du blöd wirst, kommst du ins Heim.'

Kl *(lacht)*: Hm. Jo.

Ber: 'Dir wisch' ich den Arsch nicht!'

Kl: Also, ich würde es auf jeden Fall... Also, ich glaub nicht, dass man Kinder als Altersvorsorge sehen kann.

Seitenwechsel

Ber: Auf der anderen Seite ist schon schön, wenn man im Alter nicht so ganz alleine ist. Weil Ihr Alter, wenn der schon so viel älter ist, der kratzt eh' vor Ihnen ab. Und dann haben Sie wenigstens noch Ihre Kinder.

Kl: Das stimmt.

Ber: Ja. Das hat schon was. Gell?

Kl: Ja, auch.

Ber: Und dann können Sie so ein bisschen auf Schuldgefühle machen. Mütter sind grandios da drin.

Kl: Aber das ist so fies.

Ber *(traurig)*: ‚Jetzt bin ich ganz allein, und deswegen wär schon schön, wenn du jetzt zu mir zum Kaffee kämst'.

Kl: Das ist schon schlimm.

Ber: Das ist so eine Automatik, wenn Mütter Mütter werden, machen sie das quasi automatisch. Die können gar nicht mehr anders.

Kl: Die geben Schuldgefühle mit der Muttermilch ab.

Ber: Die sagen: 'Es macht mir nichts, dass du nicht anrufst, aber es wär schon schön gewesen, wenn du gestern angerufen hättest.'

Kl: Ganz schön fies.

Ber: Ja. Das ist aber klassisches Mutter-Verhalten, was man nicht abstellen kann. In dem Moment, wo man Mutter wird, ist das hormonell bedingt.

Kl: Ich glaub', das ist vielleicht auch ein Stück weit das Problem, weil ich beobachte wirklich zum Teil an Müttern Verhaltensweisen, wo ich schon immer gesagt habt: So will ich nicht werden.

Ber: Fürchterlich.

Kl: Unsere Nachbarn über uns, das ist wirklich schlimm, sie hat ein

Kind und eins haben sie jetzt gemeinsam. Das Kind durfte die ersten Monate nie schreien. Die hatte das Kind nur auf dem Arm getragen.

Ber: Ja.

Kl: So was von Oberglucke. Das ist wirklich furchtbar.

Ich gebe der Klientin mehr Recht, als ihr lieb ist.

Ber: Gell, ist das nicht widerlich?

Kl: Die essen auch nicht mehr zusammen. Ich sehe auch, dass es anders geht bei anderen.

Ber: Klar. Ich hab noch gelernt, als ich meine Kinder gekriegt hab. Man muss die irgendwo ablegen, am besten gleich nach der Geburt und dann schreien lassen. Das kräftigt die Lungen.

Kl: Das ist ja auch fies. Super. Das ist auch fies.

Ber: Sie wissen auch nicht, was Sie wollen.

Kl: Ja eben. Das auf jeden Fall nicht. Und das andere auch nicht. Also irgendwas in der Mitte.

Ber: Sie erfinden eine völlig neue Form der Kindererziehung.

Kl *(lacht)*: Nein, eben. Das natürlich auch nicht.

Ber: Was möchten Sie denn lieber sein später? Eine Glucke oder eine Rabenmutter.

Kl: Beides nicht. Eine vernünftige Mutter.

Ber: Eine vernünftige Mutter! Und Sie wissen jetzt selbstverständlich, was eine vernünftige Mutter ist...

Kl *(lacht)*: Nö.

Ber: Deswegen lassen Sie die Finger davon. Ich sage Ihnen. Das ist so ein...

Kl: Haben Sie es gewusst?

Ber: Ich? Selbstverständlich nicht.

Kl: Na eben.

Ber: Natürlich nicht. Das weiß keine vorher.

Kl: Die sind auch groß geworden.

Ber: Und wenn man andere Mütter beobachtet, das haben Sie schon x-mal gesehen. Wenn Sie andere Mütter sehen, dann denken Sie ‚Oh Mann, die sind doch hirnamputiert. Wie kann man ein Kind so…'

Nochmal: Geben Sie dem Klienten mehr Recht, als ihm lieb ist. Das provoziert Widerspruch.

Kl: Manche sind auch richtig gut.

Ber: Haben Sie schon mal eine gesehen, die es wirklich so macht, dass Sie sagen: So möchte ich es auch machen.

Kl: Ja, aber ich glaube es gibt Momente, da macht es niemand gut.

Ber: Sehen Sie. Sehen Sie. Eben. Und keine kann das dann so richtig... Also die perfekte Mutter, die gibt es einfach nicht. Und Sie sind weit davon entfernt…

Die Beraterin triggert den Perfektionismus der Klientin.

Kl: Die bin ich auch nicht.

Ber: Eben. Und dann kommt dieses Kind dann mit 18 und sagt: Du hast mir mein Leben versaut.

Kl: Da muss es aber durch, weil mir hat auch jemand mein Leben versaut, obwohl ich ganz viel bekommen habe. Also wissen Sie…

Ber: Sie können doch nicht so roh sein.

Kl: Doch. Na klar. Geht ja gar nicht anders als dass einer auch Fehler macht. Da hab ich eigentlich kein Problem damit. Ich glaub', manchmal...

Ber: Nee. Ich finde, Mütter müssen es richtig machen, weil...

Kl *(grinst)*: Immer.

Ber: ...wenn was schief geht, ist immer die Mutter schuld. Nur die Mutter. Sie entdecken gerade den Vater, aber eigentlich ist es nur die Mutter.

Kl: Nö.

Ber: Also ich glaube, wenn Sie jetzt eine Liste machen würden. Es spricht wesentlich mehr dagegen, ein Kind zu kriegen als dafür.

Kl: Ja, das ist komisch. Es spricht einiges dagegen und einiges dafür.

Ber: Nee, nee. Es spricht fast nichts dafür. Sie sind zu alt, Sie sind zu zart...

Kl: Ich bin zart??? Um Gottes Willen... Danke für die Komplimente.

Ber: Das gebärfreudige Becken wäre da.

Kl: Genau.

Ber: Aber sonst haben Sie eine zarte Seele. Verstehen Sie?

Kl: Hm. Wirke ich so?

Ber: Denken Sie nicht, Sie wären eine zarte Seele?

Kl: Nee.

Ber: Echt?

Kl: Nö.

Ber: Nö? Sie meinen, Sie sind robust?

Kl: Ja, schon.

Wenn die Klientin anfängt, sich zu verteidigen, ist es gut, noch Kohlen ins Feuer zu legen und diesen Widerstand zu festigen

Ber: Im Ernst???

Kl: Also, ich glaub', auf jeden Fall ausreichend für alles Mögliche. Jo.

Ber: O.k. Tja. Sie ahnen gar nicht, wie robust man sein muss, wenn man Kinder kriegt. Ist Ihr Mann auch robust? Und verzichtet der monatelang aufs Vögeln?

Kl: Ich glaub', da muss man dann halt eine Lösung finden.

Ber: Da muss man eine Lösung finden...

Kl: Haben Sie monatelang nicht gevögelt, nur weil Ihre Kinder da waren?

Ber: Also, wissen Sie, ähm...

Kl *(lacht)*: Ich brauch jetzt keine Antwort.

Ber: Weniger, und auch deutlich unterbrochener.

Kl: Das glaub' ich schon auch. Pech.

Ber: Ich kenne wenige Männer, die wirklich begeistert sind von dieser Aussicht auf gestörte Nächte, seltenes Vögeln. Die Frau ist nur noch ‚duziduziduzi', anstatt bei ihm ‚duziduziduzi' zu machen.

Kl: Dann macht sie nur beim Kleinen ‚duziduzi'.

Ber: Ja.

Kl: Andererseits...

Ber: Ich bin heute leider nicht zum Kochen gekommen, hol' dir selber einen runter.

Kl *(lacht)*: Ja. Genau. Andererseits merk' ich, dass er total liebevoll mit Kindern umgeht. Also zum Beispiel unser kleiner Neffe...

Ber: Mit fremden Kindern für kurze Zeit. Und wenn man sie wieder abgeben kann.

Kl: Ja. Klar.

Ber: Aber so ein kleiner Anarchist, der einen Tag und Nacht...

Kl: Den kann man nicht abgeben.

Ber: Das ist ja der Mist.

Kl: Eben. Deshalb bin ich ja auch ambivalent. Schon schön, aber andererseits, man kann sie halt nie abgeben.

Ber: Keine Reisen die nächsten zwanzig Jahre.

Kl: Ja. Genau. Wir fahren immer so schön nach Frankreich. Da geht das dann einfach mit.

Ber: Da geht das einfach mit. Genau. Ihr sitzt im wunderschönen französischen Lokal und seid am Speisen. ‚Wäwäwäwä!!!'

Kl: Die Franzosen können das. Komischerweise die kleinen französischen Kinder können das. Nur die kleinen Deutschen nicht.

Ber: Die paar, die Sie im Lokal sehen, verstehen Sie...

Kl: Nein. Da sind ganz viele...

Ber: Die Mütter, die zu Hause mit solchen Ringen unter den Augen sitzen..., `das nächste mal bring ich es um!' Die sehen Sie nicht.

Kl: Ich glaub', ich müsste erstmal in Frankreich die Mütter beobachten, bevor mein Kind das auch könnte.

Ber: Sie sehen nicht die ganzen Mütter, die Mordgelüste haben.

Kl: Ich glaub', das haben sie alle, oder?

Ber: Ja. Sag' ich doch. Oh Mann.

Kl: Ich bin echt ein gnadenloser Fall.

Ber: Gnadenlos.

Die Klientin erzählt ca. zwei Jahre später, dass sie inzwischen immer noch keine Kinder hat, aber sehr viel gelassener und entspannter damit umgeht. Sie denkt nicht mehr in „Entweder-Oder-Kategorien" und hat jetzt das Gefühl, „du kannst nichts falsch machen, warte es einfach ab!".

Fallbeispiel 11 (F. Farrelly): Der Stotterer

Das Gespräch findet in einem Workshop auf Englisch statt und wird für den Klienten simultan übersetzt. Einige Worte wurden, der Verständlichkeit halber, in Englisch beibehalten.

Ber: Wie ist Ihr Vorname?

Kl: Mein Name ist Peter *(Name geändert).*

Ber: Peter. Peter, was ist Ihr Problem?

Kl: Mein Problem ist, dass ich ein Stotterer bin.

Ber: Stotterer?

Kl: Ja.

Der Berater tut im Folgenden immer wieder etwas, was in normalen Beratungen und Therapien eigentlich ‚verboten' ist. Er imitiert den Klienten. Da er das sehr wohlwollend und wertneutral macht, entspannt es den Klienten. Im folgenden Gespräch stottert der Klient nur selten.

Ber: Als-s-s-s-soooo br-br-br-brauchen S-s-s-s-sie l-l-l-l-l-länger.

Kl: Ja, wenn es hart ist, ist es so.

Ber: Yeah, yeah. Das ist hart. Manchmal, wenn es leicht geht, m-m-m-m-m-merken die Leute k-k-k-k-kaum, dass Sie ein Stotterer sind?

Kl: Ja, e-einige meiner F-f-f-freunde wissen es, aber...

Ber: Ja.

Kl: Manche Leute merken nicht, dass ich ein Stotterer bin, wenn ich keine Probleme habe.

Ber: Sie merken es nicht! So dumm! Nun, sind sie unsensibel? Wissen sie nichts über Stotterer? Oder sind sie vielleicht einfach ungeduldige Leute und sobald Sie st-st-st-st-starten, suchen sie sich den nächsten Ausgang.

Kl: Nein, das tun die nicht.

Ber: Sie tun das nicht?!

Kl: Nein.

Ber: Die sitzen da rum und sind höflich?

Kl: Ja.

Ber: Während sie bis Donnerstag warten, dass Sie mit ihrem Satz rauskommen?

Kl: Nein, normalerweise müssen sie nicht so lange warten, aber...

Ber: Nun, sehen Sie, das fühlt sich so lange an!

Kl: Ja.

Ber: Wissen Sie, dass sich das wie eine lange Zeit anfühlt?

Kl: Ja, ich denke, dass es sich für mich vielleicht länger anfühlt als für die anderen.

Ber: Pa! Es ist leicht für Sie, das zu sagen! Sie sind nicht derjenige, der Ihnen zuhören muss. - Das ist typisch. Die meisten Stotterer hoffen, dass es v-v-v-v-viel sch-sch-sch-schwieriger f-f-f-f-für me-me-me-me-me-me - shit - me-me-me-me-me-me - shit! Ich bemerke immer, dass Sie „shit" sagen!

Kl: Ja.

Ber: Und Sie stottern niemals, niemals bei „shit" oder „fuck".

Kl: Ja.

Ber: Nein! Verdammt! Teufel! Da stottern sie nie. Das muss was Neurologisches sein, glaube ich. Synapsen bei Wortverbindungen wie „shit, piss, fuck, help and damn". - Es ist eine i-l-l-l-l-l-l-l-legale und tiefschürfende Erfahrung „shit, piss, fuck, hell, damn". Kein Stottern.

Pause.

Kl: Hm.

Ber: Hh! Ja!

Pause

Ber: So, oft, wenn Sie etwas Lustiges oder Interessantes zu sagen haben - Teufel, wer möchte so lange herumsitzen und zuhören und warten.

Kl: Wenn es geht, wenn es lange dauert, ist es nicht so gut, ja.

Ber: Nein. Die Sache mit dem Stottern ist die, dass es einfach alles andere übersch-sch-sch-schatten kann.

Kl: Ja, das stimmt, das stimmt.

Ber: Also sagen die Leute: ‚Oh, welche Probleme haben Sie, zum Teufel?' - ‚N-n-n-n-n-nun, i-i-i-i-i-ich h-h-h-h-h-h-habe a-a-a-a-auch P-p-p-p-p-p-probleme.' Nun, niemand wird ihm zuhören, weil der Bursche so verdammt lange braucht, sie zu erzählen.

Kl: Ich habe das in der Schule erlebt, am Ende der Schulzeit. In der Oberschule musste ich eine Prüfung machen.

Ber: Ja.

Kl: Eine mündliche Prüfung.

Ber: Ho, ho!

Kl: Und ich war nicht so fit und so...

Ber: Aaaàaa...

Kl: Nein, das war o.k., weil der Lehrer weiß, dass ich ein Stotterer bin und...

Ber: Ist er eingeschlafen?

Kl: Nein, aber das spielt keine Rolle, weil e-e-e-er dachte, das ich alles wüsste, aber es nicht aussprechen kann.

Ber: Oh, shit! Sie haben also verdammte kleine Tricks?

KL: Ja, es war…

Der Berater spricht immer wieder mit verteilten Rollen, spielt gewissermaßen kleine Szenen mit verschiedenen Stimmlagen vor.

Ber *(zitiert den Lehrer)*: ‚Nun, Peter, gehen wir einmal davon aus, dass Sie das bestanden haben, weil ich sicher bin, dass Sie den Stoff gelernt haben'

Kl: Ja.

Ber: Übersetzung: ‚Ich möchte hier nicht bis nächsten Donnerstag warten, um das zu hören. Raus!' Ja, das ist die eine Möglichkeit. Haben Sie je die andere Möglichkeit ausprobiert? Ich meine, Ihr Stottern benutzt zu Ihrem eigenen Vorteil? Vielleicht hat Ihre Mutter gesagt: ‚Wo warst du?' - ‚N-n-n-n-n-nun, ich k-k-k-k-k-kan-n-n-n das e-e-e-e-e - shit! - erklären'. - (Ber zitiert die Mutter) ‚Ich habe jetzt keine Zeit, ich muss gehen'. Haben Sie das je gemacht?

Kl: Nein. Vielleicht. Ich weiß kein Beispiel, aber vielleicht benutze ich es manchmal. Vielleicht nicht bewusst.

Ber: Nein, nein. Sie würden das niemals absichtlich machen und bewusst benutzen. Sie machen es nur in Ihrer eigenen, komatösen Weise. Ja, ja, ja. Hören Sie, es gibt eine Menge Leute, die ein Handicap haben und es zu ihrem eigenen Vorteil nutzen.

Kl: Ja.

Ber: Ja.

Kl: Das mache ich bestimmt, das mache ich bestimmt.

Ber: Ha, ha. Oh ja! Wie?

Kl: Zum Beispiel, auf der Universität, entschuldige ich mich dafür, dass ich nichts sage, damit, dass ich es nicht wage.

Ber: Ja. Was heißt das ‚auf der Uni'? Sind Sie Student?

Kl: Ja, ein Student.

Ber: Oh ja. Und Ihre Professoren, die gehen Ihnen alle auf den Leim, mit Ihrer - nun - gelogenen Erklärung?

Kl: Nein, so ist das nicht. Es ist - ja, in der Universität ist es für mich - zu Beginn, die ersten Referate, die ich halten musste, war es sehr, sehr schwierig.

Ber: Phhhh!

Kl: Aber normalerweise...

Ber: Ich wette, Sie haben den ganzen Ort leergefegt.

Kl: Nein, nein, nein.

Ber *(zitiert Kommilitonen)*: ‚Kein Schlafen mehr. Wir können nicht weg! Ich möchte weg. Wir müssen zu dem Krüppel höflich sein. - Ah, shit! Ah, fuck! Ich wünschte, jemand hätte gesagt: ‚Peter stottert, weißt du das?‘

Kl: Wenn ich mich im Thema sicher fühle, ist es nicht so schwer. Aber wenn ich nicht richtig sicher bin, dass es o.k. ist, was ich erzähle, und wenn es eine Frage gibt, die ich nicht weiß… dann habe ich viel mehr Probleme.

Ber: Gott! Warum haben Sie Ihren Professoren nicht einfach Folgendes gesagt: ‚Fragen Sie mich nie etwas, das ich nicht weiß!‘ - W-w-w-w-w-w-weil S-s-s-s-sie alle - shit - h-h-h-h-h-h-hier sein w-w-w-w-werden b-b-b-bis D-d-d-d-d-d-d-donnerstag.‘ - *(zitiert den Professor)* ‚Vielen Dank, dass Sie mir gesagt haben, dass Sie gehandicapt sind. Ich werde Sie nicht fragen.‘ Oh Mann, da gibt es eine Menge Orte, wo die Leute - nun - liberal sein wollen und mitfühlend und tolerant und …, wissen Sie, allem Missgeschick und solchen Sachen gegenüber. Und dann geben Sie denen gewissermaßen gute Beurteilungen. *(zitiert)* ‚Sie müssen diese Prüfung nicht ablegen. Sie ist mündlich!‘ Hah!

Kl: Ja.

Ber: Solche Sachen.

KL: Ja.

Ber: Sie wissen, dass es Rampen für Rollstühle gibt?

Kl: Hm, hm.

Ber: In einem Gebäude. Die sollten auch Sachen haben wie: ‚Vorsicht! Ein Stotterer spricht!‘ - In einem Vortrag zum Beispiel.

Kl: Ja.

Ber: ‚Wenn Sie eilig irgendwohin müssen, nehmen Sie an diesem Vortrag nicht teil.'

Kl: Ja, das mache ich. Wenn ich vortragen muss, sage ich - wenn da viele Leute sind, die mich nicht kennen - sage ich den Leuten am Anfang, dass ich Stotterer bin, und dass sie manchmal ein bisschen warten müssen.

Ber: Jesus, God, Damn.

Kl: Und das mache ich für mich selber.

Ber: Das sollte ein f-f-f-fünfzehn- M-m-m-m-m-m-minuten-Vortrag werden und Sie machen einen d-d-d-d-d-d-dreistündigen daraus. ‚Ah, shit! Ah, fuck! ich sollte meine Freundin zum Mittagessen treffen.' - Passiert es, dass Leute trotzdem mittendrin rauslaufen - oh mittendrin - zur Hölle, nachdem Sie gerade Ihre einführenden Bemerkungen gemacht haben?

Kl: Nein, nein!

Ber: Die machen das nicht! Das ist was, es gibt so verdammt viele Liberale heutzutage, Toleranz! Meine Toleranz für Peter ist länger, dicker und härter als deine Toleranz! Nicht wahr! Nein, sie sitzen rum und sind gelangweilt und frustriert.

Kl: Ja.

Ber: Das sieht man oft bei Zuhörern, wissen Sie. Hat da irgendjemand Bücher rausgezogen oder sowas? Oder, wissen Sie, ich habe ein Kissen, dass man aufbläst und es geht so rum um deinen Hals, zum Beispiel in Flugzeugen oder Zügen. Macht das irgendwer in Ihren Vorträgen? - Machen Sie das?

Kl: Nein.

Ber: Alle sitzen da und versuchen irgendwie wachsam auszusehen. *(zitiert)* ‚Ich werde mich aufrecht hinsetzen, weil ich auf diese Weise nicht einschlafe und zu laut anfange zu schnarchen.' - Wissen Sie, ha, dass viele Leute anfangen zu schlafen und zu schnarchen in Vorträgen.

Kl: Nein, nein.

Ber: Ich tat es.

KL: Ja?

Ber: Ja. Als ich im College war, sagte der Lateinprofessor: ‚Ok'. - ich war damals im Kloster, es war Bruder Pete, ich machte diesen Lateinkurs, den ich wirklich mochte. Und ich bekam diesen Nach-Mahlzeiten-Stupor. Ich schlief ein und schnarchte sanft. Es waren einundzwanzig oder so zu dieser Zeit und der Professor sagte: ‚Lasst uns nicht laut sprechen, damit Bruder Farrelly nicht aufwacht.' - Nun, das hat mich aufgeweckt. Nun, er sagte: ‚Hast du dich gut ausgeruht?' Ich sagte: ‚Ich fühle mich schrecklich!' Er sagte: ‚Es ist o.k.!', weil er wußte, dass ich seinen Unterricht wirklich bewunderte, ich mochte die Stunden wirklich. - Schlafen in Ihren Unterrichtsstunden nicht ein paar Leute ein?

Kl: Nein, nein, nein.

Ber: Sind Sie in großen Klassen oder in kleinen?

Kl: Nun, wissen Sie, ich bin Student und...

Ber: Auf welcher Ebene? Sind Sie ein Erstsemester, College-Student oder Doktorand?

Kl: Nein, achtes, achtes Semester. Und ich muss nicht so oft Vorträge halten.

Ber: Gott sei Dank.

Kl: Und - ich habe nicht - ich habe es etwa zehn mal gemacht...

Ber *(entsetzt):* Z-z-z-z-z-z-z-zehn m-m-m-m-m-m-m-mal?

Kl: Ja, ungefähr.

Ber: Puh! Jesus! Mein G-g-g-g-g-gott! Für einen Professor oder in verschiedenen Seminaren?

Kl: Ja.

Ber: Gut, dann langweilen Sie nicht nur EIN Seminar zu Tode.

Kl: Und wenn das Seminar sehr klein i-i-i-i-ist, dann ist es für mich kein so großes Problem. Es ist m-m-m-mehr ein Problem, wenn da mehr, mehr Leute sind.

Ber: Mehr als?

Kl: Mehr als 50 oder 100.

Der Berater schlägt eine idiotische Lösung vor

Ber: S-s-s-s-s-sobald da mehr als 50 oder 100 sind. Warum sagen Sie dann nicht: ‚D-d-d-d-da sind z-z-z-z-z-zuviel Leute h-h-h-h-h-hier, i-i-i-i-ich st-st-st-stottere n-n-n-nicht bis zu 49 Leuten. Könnten Sie die Reihen durchzählen und die übrigen 51 L-l-l-l - shit! - Leute gehen dann raus.‘ Wissen Sie, Sie erklären es Ihnen einfach.

Kl *(schmunzelt):* Ja.

Ber: Ja, Sie werden sehen, dass 51 oder eher annähernd 75 Leute zum nächsten Ausgang eilen. - *(zitiert)* ‚Ich möchte hier raus, Gott verdammt!‘

Pause

Ber: Haben Sie eine Freundin?

Kl: Ja.

Ber: Und was ist sie? Gehörlos oder was?

Kl: Was?

Ber: Eine Gehörlose.

Kl: Oh nein, nein, nein.

Eine weitere idiotische Lösung

Ber: Das könnte ein Gleichgewicht sein, wissen sie. - Sie könnten ein taubes Mädchen nehmen. *(zitiert die Freundin im Gespräch)* ‚Wie kannst du es aushalten, ihm zuzuhören?' - ‚Wer hört denn zu?' Haha! - Wissen Sie, irgend sowas. Stottert sie schlimmer, stammelt sie schlimmer als Sie?

Kl: Nein, das tut sie nicht.

Ber: Nicht?

Kl: Sie stottert überhaupt nicht.

Ber: Nun, spricht - sie - laaaaaangsaaaam? Vielleicht ein bisschen schizoid?

Kl: Nein, nein. Aber langsam ist es o.k.

Ber: Sie ist nicht schizophren, richtig. Nun, es könnte etwas anderes sein - wandert ihr Geist, wenn Sie sprechen?

Kl: Nein, nein. Normalerweise, wenn ich in einer kleinen Gruppe oder zu zu zwei Leuten spreche, ist es nicht so schwer, dann...

Ber: Bei 49 oder weniger sind Sie o.k.

Kl: Ja, nein. Es geht nicht um 49 oder 50.

Ber: Sie sagten 50 bis 100. *(zitiert)* ‚Scheiße, wir wollen nicht bis Donnerstag hier sein!' Aber unter 50, in irgendwie kleineren Gruppen...

Kl: Wenn es ein sehr wichtiges Gespräch ist, das ich führen muss. Z-z-z-z-z-zum Beispiel, wenn ich zu einem Professor gehen muss und es sehr wichtig ist, aber ich diese Prüfung machen muss, und es jetzt sehr wichtig ist, dann habe ich viel mehr Probleme.

Ber: Ja. Nun, erklären Sie dem Professor: ‚Mit Ihnen kann ich nur über Nichtigkeiten und Absurditäten reden, bedeutungslose Absurditäten, w-w-w-w-weil s-s-s-s-sonst w-w-w-werde ich h-h-h-hier .... aber wenn es zu w-w-w-w-wichtig ist' - wissen Sie. ‚Sie sollten mich bedeutungslose Nichtigkeiten und Absurditäten fragen, wir sollten darüber sprechen.' Erklären Sie es ihm.

Kl: Ja, d-d-d-das wäre kein so großes Problem Ich kann jedem erzählen, dass ich ein Stotterer bin, und und und die L-l-l-leute wissen im Allgemeinen, dass es nur ein Problem ist, wenn ich - ahm...

Ber: ...Wenn Sie irgendwas zu sagen haben.

Kl: Wenn ich nervös bin!

Ber: Wenn Sie Angst haben, o.k. Gut, Sie werden nur ängstlich und nervös, wenn zu viele Leute da sind und es - oder wenn Sie über etwas reden sollen, was wirklich wichtig ist.

KL: Ja.

Ber: Mit einer Autoritätsperson wie ein Professor.

Kl: Ja, wenn ich nicht versagen sollte.

Ber: Warum verlassen Sie die Uni nicht und werden einfach ein - nun - Straßenarbeiter, der Gräben gräbt, oder sowas?

Kl: Ja, das - ich denke darüber nach.

Ber: Sie denken wirklich darüber nach? Ja, einen dieser Preßlufthammer *(imitiert das Geräusch)* brrrwwwrrrwwwrrrwww - *(zitiert Freunde, die sich über Peter unterhalten)*, Warum macht er das?' ,Nun, weil er genauso spricht, wie das klingt.' - ,Was?' - ,Nun, Sie kennen Peter nicht!' - ,Z-z-z-z-z-zuerst h-h-h-h-h-haben w-w-w-wir g-g-g-g-gedacht, es w-w-w-w-wäre n-n-n-n-n-n-n-nur d-d-d-d-der P-p-p-p-p-p-preßlufthammer, aber n-n-n-n-n-nun h-h-h-hat e-e-e-e-er u-u-u-u-uns a-a-a-a-a-a-alle d-d-d-d-dazu g-g-g-g-gebracht, a-a-a-a-auch s-s-s-s-so z-z-z-z-zu r-r-r-r-reden!' Das ist ansteckend! Das wissen Sie! Diese verdammte Sache ist ansteckend!

Kl: Ja!

Ber: Es ist infizierend! E-e-e-e-es i-i-i-i-ist i-i-i-i-i-infizierend!

Kl: Das stimmt tatsächlich.

Ber: St-st-st-st-st-stottert Ihre F-f-f-f-f-freundin?

Kl: Nein, wir haben darüber gesprochen.

Ber: P-p-p-p-p-e-e-e-peter, kann ich...

Kl: Aber wenn sie - sie ist keine Stotterin.

Ber: Yeah!

Kl: Sie stottert nicht, und wir unterhalten uns.

Ber: Oh Gott! Verdammt! Be-be-be-be-beziehung, Jesus. - Nun, was ist schwieriger? Die Labiale, die Dentale oder die S-Laute, s, z. Dentale sind sch-sch-schwierig.

Kl: Ahm, zum Beispiel, oft fragen mich Leute nach meinem Namen, ‚Mein Name ist P-p-p-p-p-p-p-peter.'

Ber: Frustrierend.

Kl: M ist sehr schwierig.

Ber: Ja.

Kl: Das, das, das, ahm, früher war ‚p' und ‚t' auch sehr schwierig, aber jetzt geht es besser…

Ber: Ja, ich habe gleich bemerkt, als Sie anfingen als die p-p-p-p, die p-Laute da waren.

Kl: Ja, all das ist wirklich schwierig für mich.

Ber: Sie sollten eine Krücke haben für Ihre Zunge: ‚Ich brauche das, weil ich heute Schwierigkeiten mit meinen P-Lauten habe.'

Kl: Nein.

Ber: Was? - Ihre Freundin, fängt sie an, zu stammeln? Das ist anders als stottern, wissen Sie!

Kl: Stammeln, ja.

Ber: Stammeln *(zitiert)* ‚Ich - habe - Schwierigkeiten - und - Die können nicht, das ist ein Stammeln. Stottern ist wie m-m-m-m-m-ma-ma…

Kl: Weil ich nicht stottere, wenn ich mit ihr spreche.

Ber: Oh, Jesus! Sie sollten sie als Übersetzerin mitnehmen. Sie flüstern ihr ins Ohr und sie spricht zum Publikum, den 51 Leuten. - Sieht sie gut aus oder ist sie...?

Kl: Ja, sie sieht gut aus.

Ber *(überrascht)*: Sie ist nicht hässlich?

Kl: Nein, nein, nein, nein.

Ber: Gut. ist sie ein schwerer Fall von Arthritis oder hat sie konkave Titten?

Kl: Ja, es ist ein - ja, ja, ja.

Ber: Ein gutes Paar Titten?

Kl: ja, ja, ja.

Ber: Hat sie so eine Art runde Hüften oder hat sie einen Arsch so groß wie das hintere Ende eines Mercedes-Busses?

Kl: Oh nein, sie ist einfach normal.

Ber: Einfach normal? Ich habe bemerkt, wenn Sie es sich vorgestellt haben... Ja, das ist ein bisschen weniger als manche dieser Normalen. Also gut, sie sieht irgendwie gut aus und sie hat irgendwie ein Paar gute Titten. Zieht sie sich - nun - irgendwie scheußlich an oder à la mode?

Kl: Nein, nicht scheußlich, aber auch nicht sehr modisch.

Ber: Ok, nicht extravagant. Gut, sie ist einfach irgendwie richtig, nicht wahr? Wie alt ist dieses Wesen?

Kl: Dieses Wesen?

Ber: 73 oder 13?

Kl: 28

Ber: Ach und… - ist sie auch Studentin?

Kl: Auch Studentin.

Ber: Mein Gott, macht sie einen Doktor oder was?

Kl: Oh nein, sie studiert Psychologie.

Ber: Ha! Seit sie Sie getroffen hat, hat sie das angefangen, oder was?

Kl: Nein, wir trafen uns, wir trafen uns in der Universität.

Ber: Ahaaa, gut. Aber vielleicht möchte sie die Beziehung mit Ihnen, weil sie Ihre Dissertation über Sie schreibt.

Kl: Das ist gut, eine interessante Idee.

Ber: Yeah.

Kl: Yeah.

Ber: Eine Fallpräsentation eines Stotterers und ein Behandlungsprogramm für...

Pause.

Ber: Nun, ich weiß nicht, wie ich das zarfühlend fragen soll... Haben Sie miteinander Liebe gemacht?

Kl: Mit ihr?

Ber: Ja?

Kl: Natürlich.

Ber: Aber, wenn Sie Liebe machen, stottern Sie im Bett?

Kl: Nein, ich stottere nicht.

Ber: Oh, gut! Das ist die Lösung! - Sie die ganze Zeit vögeln. Und jedes Mal, wenn Sie spüren, wie ein Stottern naht, können Sie einfach... - Nun, überall. - Oh, Christ!

Kl: Wirklich?!

Hier endete das Gespräch in Gelächter. Im Nachhinein, in der Pause, fiel Peter noch ein, dass er sein Stottern schon mehrfach genutzt hatte, zum Beispiel bei der Einberufung zum Militär. Er wurde wegen seines Stotterns, das er verstärkt bei der Musterung eingesetzt hatte, zurückgestellt, und musste weder Militärdienst noch Ersatzdienst leisten. Die Erinnerung daran entspannte und amüsierte ihn zusätzlich.

FAZIT

Auch wenn ich einige andere Methoden und Vorgehensweisen in meine Beratungsstunden integriere (ja, auch das ist erlaubt, sogar ausdrücklich erwünscht!), arbeite ich zu großen Teilen provokativ. Ich finde es nach wie vor faszinierend, wie schnell dieser Ansatz wirkt, weil er sowohl den Klienten als auch den Berater mit Humor über sich und seine absurden Verhaltensweisen erfüllt und beiden Energie verleiht. Das möchte ich nicht mehr missen. Leider sind ProSA, ProSt und ProCo nicht sehr lukrativ für Berater, Therapeuten oder Coaches. Denn in der Regel sind einige wenige Stunden ausreichend, um eine fundamentale Veränderung beim Klienten zu bewirken. Es ist also nicht möglich, sich als Berater mit einem einzigen Klienten über mehrere Jahre ein Eigenheim zu finanzieren. Wenn Sie das möchten, dann suchen Sie sich lieber etwas, das länger dauert.

Ansonsten: Werden Sie provokativ. Probieren Sie es aus. Trauen Sie sich. Am besten bei Ihrem Lieblingsklienten. Den mögen Sie und trauen ihm auf jeden Fall zu, dass er sich ändert. Sie werden sehen, dass Sie schnell mutiger werden und immer häufiger liebevoll zuschlagen. Bei mir war es genauso. Und wenn es nicht gleich klappt, geben Sie nicht sofort auf.

Frank Farrelly sagte immer: Die ersten 10.000 Sitzungen sind die schwierigsten.

BUCHTIPPS

Cordes, Charlotte: Mut zur Improvisation. Ungewöhnliche Tools für Beratung und Coaching. K&P Verlag, 4. Auflage 2017.

Höfner, Eleonore & Cordes, Charlotte: Einführung in den Provokativen Ansatz. Carl Auer Verlag, 2018.

Höfner, Eleonore (Noni): Glauben Sie ja nicht, wer Sie sind. Grundlagen und Fallbeispiele des Provokativen Stils. Carl Auer Verlag, 4. Auflage 2016.

Farrelly, Frank und Brandsma, Jeff: Provocative Therapy. Meta Publications, Inc., 10. Auflage 2008.